EDITION
Anselm Grün
Band 11

Wo ich zu Hause bin

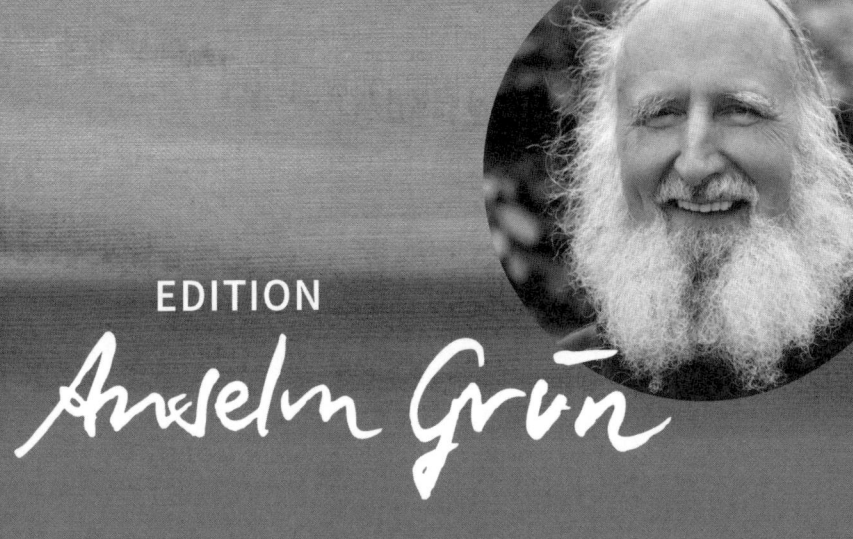

EDITION
Anselm Grün

Wo ich zu Hause bin

Von der Sehnsucht nach Heimat

Vier-Türme-Verlag

Bibliografische Information der Deutschen Nationalbibliothek
Die Deutsche Nationalbibliothek verzeichnet diese Publikation in der Deutschen Nationalbibliografie. Detaillierte bibliografische Daten sind im Internet über http://dnb.d-nb.de abrufbar.

1. Auflage 2021
© Vier-Türme GmbH, Verlag, Münsterschwarzach 2021
Alle Rechte vorbehalten
Neuausgabe des 2011 im Kreuz-Verlag erschienenen gleichnamigen Titels.
Umschlaggestaltung: Stefan Weigand, wunderlichundweigand
Portraitfoto Pater Anselm Grün: © Hsin-Ju Wu
Innengestaltung: Dr. Matthias E. Gahr
Druck und Bindung: Pustet, Regensburg
ISBN 978-3-7365-9011-3
www.vier-tuerme-verlag.de

Inhalt

Einleitung 7

Heimat und Herkunft 15

Die Heimat verlassen 31

Heimat und Sprache 43

Heimat und Musik 55

Heimat in der mobilen Gesellschaft 63

Heimat in der virtuellen Gesellschaft 73

Heimat und Zugehörigkeit 79

Heimat in der Bibel 87

Heimat bei sich selbst 97

Eine geistliche Heimat haben 111

Heimat in Gott 125

Der Mensch zwischen Heimat und Heimatlosigkeit 135

Schluss 145

Literatur 151

Einleitung

Einleitung

Einleitung

Das Wort »Heimat« hat im Deutschen einen eigenen Klang. Da schwingt das Gefühl von Geborgenheit mit. Und das Wort Heimat weckt die Sehnsucht nach einem Ort, an dem ich daheim sein kann, an dem ich so sein kann, wie ich bin, an dem ich angenommen bin, geliebt bin, an dem ich mit meinen Wurzeln in Berührung bin. Dieses emotional aufgeladene Wort kann natürlich auch missbraucht werden. Im Dritten Reich haben die Nazis das Wort instrumentalisiert, um die Soldaten zu motivieren, für die Heimat zu sterben. Die Heimat wurde als das Kostbarste geschildert, das der Mensch besitzt. Heimat wurde so verklärt, dass es sich lohnt, für sie zu sterben.

Für mich persönlich hatte Heimat immer einen guten Klang. Ich habe mein Zuhause in einem Vorort von München als Heimat erlebt. Als ich dann mit zehn Jahren ins Internat ins fränkische Münsterschwarzach kam, da hatte ich zuerst Heimweh. Und das Heimweh hat die Heimat noch wichtiger werden lassen. Wenn wir dreimal im Jahr in den Ferien nach Hause fuhren, war das für mich immer mit großer Vorfreude und innerer Spannung verbunden.

Seit fast 50 Jahren bin ich jetzt im Kloster. So ist das Kloster für mich Heimat geworden. Wenn ich heute sage, ich fahre heim, meine ich das Kloster. Der Ort, an dem ich aufgewachsen bin, löst zwar noch ein Gefühl von Vertrautsein aus. Aber es ist nicht mehr die eigentliche Heimat. Je älter ich werde, desto weniger ist Heimat für mich ein Ort. Auf meinem spirituellen Weg habe ich die Heimat in mir selbst gesucht und sie letztlich in Gott gefunden. Die Behei-

Einleitung

matung im Glauben relativiert das Heimatgefühl, das an einen Ort gebunden ist.

Als bei einem Gespräch die Idee aufkam, etwas über Heimat zu schreiben, spürte ich sofort einen inneren Impuls dazu. So habe ich mich über ein Jahr lang mit dem Thema beschäftigt. Am Anfang war meine Beschäftigung eher akademisch. Ich las, was Schriftsteller, Philosophen, Theologen und Psychologen dazu geschrieben haben. Aber dann wurde das Thema auf einmal existenziell. Es tauchte immer mehr in Begleitungsgesprächen auf. Da erzählten Menschen, dass sie nicht nur die äußere, sondern auch die innere Heimat verloren haben, dass sie sich heimatlos fühlen, sich verloren haben. Sie wissen nicht mehr, wer sie sind und wohin sie gehören, was sie trägt und wo sie Geborgenheit finden könnten.

Ich spürte, dass die Suche nach der Heimat heute ein Thema ist, das viele Menschen beschäftigt. Und es ist ein Thema, auf das die Religion, auf das die christliche Tradition schon immer eine Antwort zu geben versuchte. Aber zugleich wurde mir auch wichtig, heute anders über Heimat zu schreiben, als es die vielen Heimatromane oder Heimatfilme tun. Es geht nicht darum, einer Heimatromantik nachzutrauern, sondern darum, für uns heute in einer unübersichtlichen und mobilen Welt über Heimat nachzudenken. Was bedeutet uns heute Heimat? Welches Gefühl ist damit verbunden? Wo sind wir daheim? Sind es Orte, sind es Menschen, ist es der Glaube, ist es der Freundeskreis? Oder aber ist es die Sprache, die Musik oder ein Buch, das wir lesen?

Neulich erzählte mir eine Frau, dass sie sich daheim fühlt, wenn sie in aller Ruhe ein Buch liest. Über diese Aussage habe ich nachgedacht. Inwieweit kann ein Buch Heimat bieten? Wir verbinden mit

Einleitung

Heimat normalerweise einen Ort, an dem wir leben. Ein Buch ist kein Ort. Und dennoch tauchen wir im Lesen in eine eigene Welt ein. Manche haben als Kinder leidenschaftlich gern gelesen. Sie haben sich in jeder freien Minute in ihr Zimmer zurückgezogen und gelesen. Oder sie haben im Bett noch lange gelesen und mussten ihr Lesen vor dem Vater oder der Mutter verstecken. Im Lesen sind sie in eine andere Welt eingetaucht. Sie haben in den Büchern eine Gegenwelt zu der ihren entdeckt, in der sie sich nicht daheim gefühlt haben. Die Familie, die Umgebung, das Dorf, das Milieu, in dem sie aufgewachsen sind, war ihnen nicht Heimat. In den Büchern haben sie etwas entdeckt, was für sie Heimat ist: Da sind sie in eine Welt eingetaucht, die ihren eigenen Gedanken und Träumen entsprach. Und weil ihr Herz angerührt war, fühlten sie sich in Büchern daheim. So ist für viele Menschen, die ihre kirchliche Heimat verloren haben, in unserer säkularen Welt das religiöse Buch zur Heimat geworden.

Manche meiner Leserinnen und Leser erzählen mir, dass sie beim Lesen das Gefühl haben, dieses Buch sei nur für sie geschrieben. Sie erleben im Buch ihre innere Heimat. Sie kommen in Berührung mit dem, was sie in ihrem Herzen wissen, was aber von einer areligiösen Umgebung verdeckt wird. Sie finden durch das Buch zu ihrer inneren Heimat.

Gerade in unserer mobilen Welt wächst die Sehnsucht nach Beheimatung in einer überschaubaren Gruppe, nach Beheimatung in der Sprache, in der Religion und in einer Kirche. Es ist die Sehnsucht nach Geborgenheit, nach Ruhe und Sicherheit und die Sehnsucht nach den Wurzeln, aus denen wir leben. Die vielen Fremden, die sich in Deutschland niedergelassen haben, sind oft hin- und hergerissen zwischen der Sehnsucht nach der Heimat, die sie verlassen haben,

Einleitung

und der Beheimatung dort, wo sie wohnen. Eine Griechin, die schon lange in Deutschland lebt, meinte: »Heimat ist für mich dort, wo ich mich zu Hause fühle«. Viele Migranten sind ja gerade deshalb aus ihrer Heimat ausgewandert, weil sie dort keine Heimat mehr fanden. Sie konnten dort nicht mehr wohnen, weil die wirtschaftlichen oder politischen Verhältnisse es nicht zuließen. Trotzdem bleibt in ihnen der Geruch der heimatlichen Felder oder Feste. Die vielen Menschen, die innerhalb Deutschlands oft ihren Wohnort gewechselt haben, lokalisieren ihre Heimat nicht an einem Ort, sondern in den verschiedenen Gruppierungen, in denen sie Heimat gefunden haben.

Wonach sehnen sich also die Menschen, wenn sie sich nach Heimat sehnen? Bei der Suche nach einer Antwort stoße ich auf den Philosophen Ernst Bloch. Heimat ist nie nur das Vergangene, von dem wir schwärmen. Im Begriff der Heimat – so meint Bloch – steckt vielmehr immer auch unerfüllte Hoffnung. Man sehnt sich nach der Heimat und verbindet damit, geborgen und geliebt zu sein, einen Raum zu haben, in dem man ganz man selbst sein kann, in dem man in Berührung kommt mit dem, was einem in der Kindheit Zuversicht und Hoffnung geschenkt hat, was einen als Kind genährt hat. Doch Bloch sieht Heimat nicht als das, was es zu bewahren gilt, sondern als ein Noch-nicht, als eine Utopie, die »dem Menschen den Impuls zu innerweltlicher Veränderung und zum die Gegebenheiten verbessernden Tun vermitteln« (Hartmut Kreß, Heimat, in: Theologische Realenzyklopädie (TRE), Band 14, Berlin 1985, 779) kann.

Heimat ist nicht einfach da, sie muss vielmehr von uns erst geschaffen werden. Berühmt ist die Definition von Ernst Bloch am Ende seines großen Werkes »Prinzip Hoffnung«. Heimat ist für ihn etwas, »das allen in die Kindheit scheint und worin noch niemand

Einleitung

war«. Wir verbinden Heimat mit unserer Kindheit. Aber die Kindheit ist nicht mit der Heimat identisch. Vielmehr leuchtet etwas in die Kindheit hinein, was den Geschmack der Heimat hat. Heimat ist für Bloch nie nur etwas Vergangenes, sondern etwas, was in die vergangene Kindheit hineinleuchtet, was uns aber letztlich erwartet. Denn niemand war schon in dem, was wir Heimat nennen. Heimat ist somit eine Utopie, ein Nicht-Ort, den wir aber gerne mit den Orten unserer Kindheit identifizieren. Die Kindheit ist nicht die Heimat, sondern die Verheißung von Heimat. Das, was wir als Kinder gespürt haben an Geborgenheit, an Geschmack des Lebens, was uns als Geruch des Lebens in die Nase gestiegen ist, das erwarten wir in der Zukunft. So sind wir unser ganzes Leben lang auf der Suche nach der Heimat, die uns in die Kindheit hinein geleuchtet hat, die aber noch aussteht als das, was uns für immer Geborgenheit und ein Zuhause schenkt, ein Heim, in dem wir uns niederlassen, in dem wir daheim sind, in dem wir wohnen und bleiben können.

So wünsche ich den Leserinnen und Lesern, dass sie beim Lesen dieses Buches eintauchen in eine Welt, in der sie sich daheim fühlen. Und dass sie in meinen Gedanken und in den Gedanken, die ich von anderen Autoren zitiere, in Berührung kommen mit der eigenen Sehnsucht nach Heimat und mit dem Geschmack von Heimat, den jeder offensichtlich in sich trägt und in dem zugleich die Verheißung von einem Leben steckt, das sich getragen und geborgen weiß, um mitten in der Unübersichtlichkeit dieser Welt einen Raum der Sicherheit und Geborgenheit, der Ruhe und des Angenommenseins zu erfahren. Jedes Kapitel schließe ich mit Fragen und Wahrnehmungsübungen ab. Sie sollen die Leser anregen, sich selbst bewusst zu machen, was für sie Heimat bedeutet, worin sie Heimat finden und welche Gefühle und

Einleitung

Sehnsüchte sie damit verbinden. Es geht mir in diesem Buch nicht um Informationen über das Thema Heimat, sondern um die existenzielle Auseinandersetzung, wie ich heute in meiner Lebenssituation mit diesem Thema umgehen möchte.

Anselm Grün

Heimat und Herkunft

Heimat und Herkunft

Heimat verstehen wir gewöhnlich als den Herkunftsort, in dem wir geboren und aufgewachsen sind. Wir haben eine besondere Beziehung aufgebaut zu diesem Ort. Er ist uns lieb und teuer geworden. Wir können oft gar nicht genau sagen, was uns das Gefühl gibt, heimzukommen, wenn wir an den Ort unserer Herkunft kommen. Wir fühlen uns daheim, geborgen. Alles ist uns vertraut. Alles erinnert uns an die eigenen Wurzeln. Heimat schenkt Wurzeln. Wir haben das Gefühl, dass wir aus der Kraft dieses Ortes leben und aus der Kraft der Menschen, die hier gelebt haben. Sie alle geben uns Anteil an ihren Wurzeln. Offensichtlich sind die ersten Tage, Wochen und Monate eines Kindes für sein Werden entscheidend. Es nimmt mit offenen Augen und Ohren alles auf, was sich ihm darbietet. Und so, wie die Welt sich ihm darbietet, wird sie ihm vertraut.

Ich bin im Januar 1945 in Junkershausen, einem kleinen Dorf in der Rhön mit nur 100 Einwohnern, geboren. Mein Vater war im Krieg und hatte über seinen Bruder, der Mönch in Münsterschwarzach war, eine Möglichkeit gefunden, seine Frau und seine Schwägerin mit insgesamt sieben Kindern dort bei Bauern unterzubringen. Im August 1945 fuhren wir mit einem Holzvergaser-Lastwagen zurück nach Lochham, wo meine Eltern und Geschwister schon vorher wohnten. Obwohl ich also keine bewusste Erinnerung an Junkershausen habe, erlebe ich an diesem Ort doch etwas, das mir vertraut ist. Das gilt nicht nur für die Sprache, sondern auch für die Gerüche und für die Ausstrahlung, die von diesem kleinen Ort ausgehen.

Viele Menschen haben mir ähnliche Erfahrungen erzählt. Die ersten Eindrücke prägen sich tief in unsere Seele ein. Und wir können gar nicht mehr genau erklären, was sie in uns hervorrufen. Aber da ist offensichtlich etwas von dem, was Bloch mit dem »Hineinscheinen in die Kindheit« meint.

Carl Jacob Burckhardt, ein Schweizer Diplomat, Essayist und Historiker, definiert die Heimat als »den Ort des tiefsten Vertrauens, der tiefsten Ruhe, den Ort, der die Ruhe des Vertrauens schenkt« (Otto Kimminich, Heimat, in: Lexikon für Theologie und Kirche, Band 4, Freiburg 1995, 1364). In der Heimat ist einem alles vertraut. Da hat man als Kind Vertrauen ins Leben gelernt. Das Vertraute des Ortes, der Verhaltensweisen seiner Bewohner, die vertraute Sprache, die vertrauten Rituale der Dorfgemeinschaft, aber auch der Kirche, die vertrauten Feste, all das hat das Vertrauen ins Leben gestärkt. All das wirkt in uns nach, wenn wir an die Heimat denken. Heimat ist der Raum des Vertrauens, in dem wir zu dem geworden sind, der wir heute sind. Wenn wir an die Heimat denken, denken wir immer auch an die Ruhe, die die Heimat ausgestrahlt hat. Da war noch nicht die Hektik von heute. Da hatte man noch Ruhe, um zu spielen, miteinander zu sprechen und die gewohnten Feste zu feiern.

Wenn ich im Urlaub die Wege durch den Wald nach Maria Eich gehe, die ich mit meinem Vater öfter gegangen bin, dann ist es nicht nur der schöne Wald, sondern es tauchen all die Erinnerungen an die Menschen auf, die mich hier geprägt haben, von denen ich Liebe und Zuwendung erfahren habe. Inzwischen ist mir Lochham, der Ort an dem ich groß geworden bin, nicht mehr der eigentliche Heimatort. Inzwischen bin ich seit mehr als fünf Jahrzehnten in Münsterschwarzach, zuerst war ich im Internat und dann im Klos-

Heimat und Herkunft

ter. Wenn ich in unserer Bachallee spazieren gehe, dann fallen mir all die Mitbrüder ein, mit denen ich hier gewandert bin, aber auch diejenigen, die die Abtei geprägt haben. Dieser klösterliche Wanderweg, der nur uns Mönchen vorbehalten ist, erinnert mich an die Wurzeln meines klösterlichen Lebens und an all die Menschen, die für mich in den letzten Jahrzehnten wichtig waren. Das waren nicht nur Mitbrüder, sondern auch Gäste und Freunde, die mich hier in der Abtei besucht haben und mit denen mich eine tiefe Freundschaft verband oder verbindet.

Heimat ist also nie nur ein äußerer Ort, sondern der Ort, der mich an die Menschen erinnert, die mich geprägt und genährt haben und aus deren Verbundenheit ich heute lebe. Dann erinnert mich alles an diese Menschen: der Geruch von Heu, das Singen der Vögel, das Rauschen des Windes, das Licht, das durch die Bäume einfällt und den Bach erglänzen lässt. Mit allen Sinnen nehme ich etwas wahr, was ich letztlich nicht genau beschreiben kann. Am besten ist es wohl mit dem Wort Herkunft zu benennen. Von diesem Ort her kommt etwas auf mich zu: Liebe, Geborgenheit, Herausforderung, Erfahrungen, die mich geprägt haben. Dort, wo ich herkomme, war ich auch angekommen bei mir selbst, dort war ich willkommen. Dort bekam ich alles, was ich nötig hatte, dort hatte ich das nötige Einkommen.

Schon vor dem Zweiten Weltkrieg, als viele Deutsche aus ihrer Heimat vertrieben wurden, beschäftigte sich die katholische Theologie mit dem Begriff der Heimat. Der Jesuit Alfred Delp, der 1945 von den Nazis hingerichtet wurde, hat im Jahre 1940 in den »Stimmen der Zeit« einen Aufsatz über Heimat geschrieben. Er vertritt darin die Meinung, durch den Krieg seien viele Menschen heimatlos geworden. So sei der Begriff der Heimat neu ins Bewusstsein gerückt. Heimat

Heimat und Herkunft

ist für ihn nicht einfach nur der Ort, an dem wir aufgewachsen sind, wo wir hingehören. Vielmehr meine Heimat immer schon eine innige Beziehung zu dem Ort, an dem wir lange Zeit gelebt haben. Delp schreibt, im Begriff Heimat liege »die ursprüngliche Beziehung des Menschen zu dem Land, in dem er geboren, zu dem Eigentum, in das er hineingeboren wurde, zu den Menschen, mit denen er über Land und Eigentum verbunden ist, und es liegt darin eine Zuständlichkeit des Menschen selbst, die so tief in sein Leben und dessen rechte Ordnung eingreift, dass der Heimatlose als der Mensch des Elends und des Unglücks bezeichnet wird« (Alfred Delp, Heimat, in: Stimmen der Zeit 137, München 1940, 278). Heimat sei mehr »als ein Hüten und Bewahren alten Brauchtums« (Delp 277). Zur Heimat gehöre nicht nur der Ort, sondern auch die Zeit. Es brauche eine dauernde Beziehung zu dem Ort, ein Anteilnehmen an der Geschichte dieses Ortes. »Die Geschichte bindet tief und verpflichtend an die Heimat, und sie bewahrt die Heimat vor der Entartung in das kleinbürgerliche Idyll« (Delp 280).

Menschen fühlen sich beheimatet in einer gemeinsamen Geschichte. Das erlebe ich oft bei Mitbrüdern, die in der Rekreation von den alten, längst verstorbenen Mitbrüdern erzählen. Die Geschichte, die sie miteinander erlebt haben, ist für sie Heimat, nicht nur der Ort Münsterschwarzach. Dabei sind es vor allem die leidvollen Erinnerungen, die die Menschen zusammenbinden und so etwas wie Heimat schaffen.

Heimat meint aber vor allem die Gemeinschaft, die mich trägt. Sie kann unabhängig vom Ort entstehen. So ist für viele Ordensleute die Ordensgemeinschaft Heimat, auch wenn sie an viele Orte zerstreut ist. Alfred Delp spricht von einer »metaphysischen Heimatbedürftigkeit

Heimat und Herkunft

des Menschen«. Der Mensch ist von seinem Wesen her auf Heimat angewiesen: »Der Mensch ist aus seiner letzten Wirklichkeit her ein gebundenes Wesen, er ist auf Ordnungen und letzte Heimgründe angewiesen«. Das Leben »ist ein Suchen nach Heimgründen, in denen es sich verfestigen und aus denen es eine letzte Sicherheit gewinnen könnte« (Delp 282). Delp spricht schon 1940 vom innerlich heimatlos gewordenen Menschen. Die äußere Mobilität hat ihn auch innerlich zum Nomaden gemacht. Und Delp weist auf die Gefahr hin, dass solche Nomaden dann anfällig sind für ein Kollektiv, das »in einer Art magisch-mystischer Benommenheit« (Delp 283) das, was Heimat ursprünglich war, ersetzt. Heimat steht für Delp »in einer tiefen und ursprünglichen Beziehung zu Religion. Sie enthüllte sich uns als die Summe der Bindungen und Ordnungen, in denen der Mensch verwurzelt und zu Hause ist und in deren Bejahung und Pflege er erst ganz Mensch wird ... Die Rückbindung (*religio*) des Menschen auf die tragenden Gründe findet ihre letzte Tiefe aber erst eben in der *Religio*, in der der Mensch tatsächlich heimfindet zu einer letzten Geborgenheit und Sicherheit« (Delp 284).

Alfred Delp hat seinen Artikel über die Heimat bewusst als Gegenentwurf gegenüber der Heimatideologie des Dritten Reiches geschrieben. Im Dritten Reich wurde der Begriff Heimat in den Mittelpunkt einer Blut-und-Boden-Ideologie gesetzt. Es entstanden kitschige Heimatromane. Vor dem Dritten Reich verherrlichten die Heimatromane die Idylle des Dorflebens gegenüber dem Stadtleben. Im Dritten Reich war Heimat das kostbare Gut, das man verteidigen musste. Den Soldaten sang man das Lied vor: »Heimat, deine Sterne«. Heimat wurde auf die arische Rasse verkürzt. Daher rebellierten die Dichter und deckten die Hohlheit dieses Heimatbegriffes auf.

Heimat und Herkunft

Ab den 1980er-Jahren machten sich Dichter und Soziologen wieder neu Gedanken über die Heimat. Oft waren es Heimatvertriebene, die über das Thema Heimat nachdachten. Christian Graf von Krockow, der mit 17 Jahren 1944 aus Hinterpommern in den Westen floh, hat 1989 ein Buch geschrieben mit dem Titel »Heimat. Erfahrungen mit einem deutschen Thema«. Darin wehrt er sich, die Heimat zu einer Idylle zu stilisieren. Das Leben in der Heimat darf nicht in goldenen Farben geschildert werden. Oft genug war es hart und karg. Doch er macht die Erfahrung, dass die ersten Jahre, die man an einem Ort lebt, den Menschen mehr prägen als alles andere: »In der Kindheit also und nirgendwo sonst ist das angelegt, was wir Heimat nennen. Wie aus dem Anbeginn der Schöpfung, mit allen seinen Sinnen nimmt ein Kind die Umgebung in sich auf, und neben Auge und Ohr, nahe am Ertasten, am Greifen und Begreifen mit seinen Händen, ist sogar die Nase wichtig, die Vielfalt, die Eindringlichkeit der Gerüche. Ja, Heimat riecht: für den Jungen aus Hinterpommern zum Beispiel nach dem Sommerdunst im Heu und nach herbstlichen Kartoffelfeuern, nach fangfrisch geräucherten Flundern an der Ostsee und nach Spickgänsen, die in ihrer Kammer auf dem Dachboden reifen« (Christian Graf von Krockow, Heimat. Erfahrungen mit einem deutschen Thema, Stuttgart 1989, 9).

Heimat wird einem erst richtig bewusst, wenn sie verloren wurde. Das gilt auch für die romantischen Dichter. Fast alle, die in der Romantik die Heimat beschworen haben, schrieben darüber, als sie sie verloren hatten. Das gilt etwa von Joseph Freiherr von Eichendorff. »Wie wohl kein zweiter unter den Dichtern hat Eichendorff uns ins Gemüt geschrieben, was Heimat bedeutet. Fast möchte man meinen: Er hat sie gestiftet. Doch wie wäre das möglich gewesen ohne die

nie vernarbte Erfahrung, sie verloren zu haben?« (von Krockow 17).
Es ist oft das Heimweh nach der Heimat, das in den Gedichten zum Ausdruck kommt, so wie in seinem Gedicht »Heimweh«:

> Wer in die Fremde will wandern,
> Der muss mit der Liebsten gehn,
> Es jubeln und lassen die andern
> Den Fremden alleine stehn.
>
> Was wisset ihr, dunkele Wipfel,
> Von der alten, schönen Zeit?
> Ach, die Heimat hinter den Gipfeln,
> Wie liegt sie von hier so weit!
>
> Am liebsten betracht' ich die Sterne,
> Die schienen, wie ich ging zu ihr,
> Die Nachtigall hör ich so gerne,
> Sie sang vor der Liebsten Tür.
>
> Der Morgen, das ist meine Freude!
> Da steig' ich in stiller Stund'
> Auf den höchsten Berg in die Weite,
> Grüß dich, Deutschland, aus Herzensgrund!

JOSEPH FREIHERR VON EICHENDORFF

Heimat verbindet Eichendorff mit der Erfahrung seiner Liebsten. Alles in der Heimat erinnert ihn an die Liebe zu seiner Freundin. Er sehnt sich nach der Heimat, weil er sich nach seiner Liebsten sehnt. Die

Heimat und Herkunft

schöne alte Zeit ist nicht einfach die Zeit des Brauchtums, sondern die Zeit der ersten Liebe. Aber diese Zeit und die Heimat liegen weit weg von ihm. In der Fremde fühlt er sich allein. Da muss er die Sterne betrachten und auf die Nachtigall lauschen. Denn beide erinnern ihn an seine Geliebte. Und in der stillen Stunde des Morgens steigt er auf den höchsten Berg, um Ausschau zu halten nach seiner Heimat, die ihn an die Liebe erinnert, die er verloren hat. Seine Erfahrung von Heimat ist immer auch die Erfahrung der verlorenen Heimat. Sie schildert er mit den andächtigen Worten:

> O Täler weit, o Höhen,
> o schöner, grüner Wald,
> Du meiner Lust und Wehen
> Andächt'ger Aufenthalt!

Das ist keine romantische Verklärung der Natur. Vielmehr erinnern ihn die Täler und Höhen und die Wälder seiner Heimat an all das, was er an Freude und Leid erfahren hat. Er nennt sein Weilen in der Heimat einen andächtigen Aufenthalt. Er weilte daheim mit Andacht, mit gleichsam religiöser Hingabe, weil ihn dort etwas berührt hat, was größer war als er selbst. Das war nicht nur eine schöne Zeit. In den heimatlichen Tälern und Wäldern hat er sowohl Lust als auch Weh gespürt, Freude und Leid. All das, was unser Herz aufgewühlt hat – Liebe, Freude, Leid, Verlassenwerden, Sehnsucht nach einer neuen Liebe –, verbinden wir mit dem Bild der Heimat. Heimat ist das, wo wir intensiv gelebt haben, wo wir mit unserem Herzen in Berührung waren.

Vor der Romantik war Heimat kein Wort, das das Gemüt berührte. Als Heimat galt vielmehr der Hof, das, was der Bauer erbte von seinem Vater. In der Barockzeit besang man dagegen die himmlische Heimat. Schon Paulus sprach von der Heimat im Himmel: »Unsere Heimat aber ist im Himmel« (Philipperbrief 3,20). Erst als die himmlische Heimat in den Hintergrund rückte, wurde die irdische Heimat mit einer Art Weltfrömmigkeit besungen: »Die Entdeckung der Heimat im Irdischen setzt offenbar Säkularisation, die Verweltlichung der Welt voraus, einen Verlust des Selbstverständlichen im Religiösen« (von Krockow 24).

Dichter suchen, indem sie die Heimat beschreiben, nach ihrer eigentlichen Identität. Sie beschwören die Heimat ihrer Kindheit, um zu erforschen, wer sie in Wirklichkeit sind, was ihre Identität ausmacht. Es ist die Suche nach dem, was wir eigentlich sind. Es ist die Suche nach dem Einklang mit uns selbst, nach der inneren Ruhe, die unsere aufgewühlte Seele heilt. So hat es Friedrich Hölderlin gesehen in seinem Gedicht »Die Heimat«:

> *Froh kehrt der Schiffer heim an den stillen Strom,*
> *Von Inseln fernher, wenn er geerntet hat;*
> *So käm' auch ich zur Heimat, hätt' ich*
> *Güter so viele wie Leid geerntet.*
>
> *Ihr teuern Ufer, die mich erzogen einst,*
> *Stillt ihr der Liebe Leiden, versprecht ihr mir,*
> *Ihr Wälder meiner Jugend, wenn ich*
> *Komme, die Ruhe noch einmal wieder?*

Heimat und Herkunft

Am kühlen Bache, wo ich der Wellen Spiel,
Am Strome, wo ich gleiten die Schiffe sah,
Dort bin ich bald; euch, traute Berge,
Die mich behüteten einst, der Heimat

Verehrte sichre Grenzen, der Mutter Haus
Und liebender Geschwister Umarmungen
Begrüß' ich bald, und ihr umschließt mich,
Dass, wie in Banden, das Herz mir heile,

Ihr treugebliebnen! Aber ich weiß, ich weiß,
Der Liebe Leid, dies heilet so bald mir nicht,
Dies singt kein Wiegensang, den tröstend
Sterbliche singen, mir aus dem Busen.

Denn sie, die uns das himmlische Feuer leihn,
Die Götter, schenken heiliges Leid uns auch.
Drum bleibe dies. Ein Sohn der Erde
Schein ich; zu lieben gemacht, zu leiden.

FRIEDRICH HÖLDERLIN

Dieses Gedicht ist fern aller romantischen Schwärmerei von der Heimat. Es ist voller Skepsis, ob die Heimat das einhält, was sie verspricht. Zunächst spricht Hölderlin davon, dass die Ufer des Neckars, an denen er aufgewachsen ist, ihn gleichsam erzogen haben. Nicht nur die Menschen, die Landschaft selbst hat ihn erzogen. Und die Wälder seiner Heimat haben ihm Ruhe geschenkt. Doch jetzt zweifelt er, ob sie seiner Liebe Leiden stillen und ihm die ersehnte

Ruhe wieder schenken können. Hölderlin schwankt zwischen seiner Sehnsucht nach einer Heimat, die seine Wunden heilt und ihm den Einklang mit seinem Wesen schenkt, und den Zweifeln, dass das doch nicht gelingt. Die Berge seiner Heimat behüteten ihn einst, und das Haus der Mutter und die Liebe seiner Geschwister heilten damals die kindlichen Wunden. Doch jetzt weiß er, dass der Liebe Leid nicht mehr so leicht geheilt werden kann. Denn – das hat er auf seinem Weg in die Fremde erfahren – die Götter schenken dem Menschen auch heiliges Leid. Es ist ein Leid, das zur Würde des Menschen gehört, das heilig ist, das ihn öffnet für das Heilige. So ist es seine Bestimmung, zu lieben und zu leiden. Und von dieser Bestimmung kann ihn auch die Heimat nicht befreien. So bleibt die Sehnsucht nach der heilenden Heimat unerfüllt. Und dennoch sehnt sich der Dichter weiter nach der Ruhe und der Sicherheit und Geborgenheit, die er mit der Heimat verbindet. Es ist die Sehnsucht, dass er mit der Liebe, die ihm als Kind von der Mutter reichlich zufloss und die er als Jugendlicher in seiner Freundin erlebt hat, wieder in Berührung kommt und so zu seinem wahren Wesen findet, zu dem Menschen, der fähig ist zu lieben und zu leiden.

Die deutsche Sprache hat viele Wendungen mit »heim« und »Heimat«. In der Bibel wird davon gesprochen, dass Gott sein Volk heimsucht. Das griechische Wort für »besuchen« wird zu »heimsuchen«. Heimsuchung kann aber auch etwas Negatives sein. Wir können heimgesucht werden von Krankheit und Not. Martin Luther spricht davon, dass wir Gott alles, was wir haben, heimgeben sollen. Später wurde daraus das Wort »anheimgeben«. Indem wir Gott alles geben, sind wir bei ihm daheim. Voller Emotion ist auch das Wort »heimkehren«. Jakob spricht davon, dass er wohlbehalten heimkehrt in das Haus seines Vaters (Genesis 28,21). Viele Menschen sehnen sich, aus der Fremde heimzukehren, heimzukommen, um wieder daheim zu sein. Doch Franz Kafka hat diese Sehnsucht in seiner Erzählung »Heimkehr« als Illusion entlarvt. Da kommt ein junger Mann heim. Aber er bleibt draußen stehen. Er wagt nicht, ins Haus zu gehen. Das Heim, in dem sein Vater wohnt, bleibt ihm fremd, weil der Vater ihm entfremdet ist. Die kurze Erzählung schließt mit den Worten: »Je länger man vor der Tür zögert, desto fremder wird man. Wie wäre es, wenn jetzt jemand die Tür öffnete und mich etwas fragte? Wäre ich dann nicht selbst wie einer, der sein Geheimnis wahren will?« (Clemens Schmeing, Der Mensch zwischen unterwegs und zu Hause. Schöpferische Polaritäten im Sinne Benedikts, in: Erbe und Auftrag, 56. Jg., Beuron 1980, 466). Weil der junge Mann das Heim seines Vaters nicht mehr als Heimat empfindet, möchte er sein Geheimnis auch mit keinem Menschen teilen, sondern es schützen, um wenigstens bei sich daheim sein zu können.

>> *Wenn du an deine Heimat denkst, was fällt dir ein? Welche Gerüche steigen in dir hoch? Welche Erinnerungen an Feste und Feiern, an Weihnachten und Ostern, an Adventszeit und Fastenzeit tauchen in dir auf? Was ist das Grundgefühl, wenn du an die ersten Jahre in deiner Heimat zurückdenkst? Was ist deine Herkunft, woher kommst du, und als wer kommst du jetzt in diesen Augenblick? Was prägt dich? Was sind Schätze, die du mit der Heimat verbindest? Wo tauchen aber auch Gefühle von Enge und Unheimlichkeit, von Bedrohung und Angst auf?*
Oder ist Heimat bei dir immer nur mit dem Gefühl von Geborgenheit, Eingebettetsein in den Strom des Lebens verbunden?

Heimat und Herkunft

Was verdankst du deiner Heimat? Was hast du in deiner Heimat gelernt und was hast du als Rüstzeug für dein jetziges Leben mitgenommen?

Die Heimat verlassen

Die Heimat verlassen

Das Thema Heimat wurde nach dem Zweiten Weltkrieg durch die vielen Heimatvertriebenen in den Mittelpunkt gerückt. In den Jahren 1944 bis 1946 wurden Millionen von Deutschen aus Ostpreußen, Pommern, Schlesien, Böhmen vertrieben und mussten sich im Westen eine neue Heimat suchen. Oft waren sie dort gar nicht so willkommen, denn in der kargen Nachkriegszeit wurden sie von der Dorfbevölkerung als Belastung und als Störenfriede empfunden. Doch da sie der Heimat beraubt waren, ergriffen sie alle Möglichkeiten, sich beruflich zu engagieren.

Der Wiederaufbau Deutschlands nach dem Krieg wäre ohne die vielen Heimatvertriebenen so nicht gelungen. Sie standen oft an der Spitze der Bewegung. Sie haben sich in die neue Heimat integriert. Doch zugleich entstand die Sehnsucht nach der verlorenen Heimat. Sie haben jährlich Treffen der Heimatvertriebenen organisiert. Dort wurde oft die Heimat idealisiert. Und oft genug wurden auch Forderungen nach Recht auf die alte Heimat laut. Zu weh taten die Wunden, die die Vertreibung in ihnen geschlagen hatten, als dass sie das Unrecht vergessen konnten, das ihnen angetan wurde. Erst in späteren Jahren wurden dann die Töne der Versöhnung immer lauter.

Von Krockow schreibt von diesen Heimatvertriebenen treffend, dass den meisten nicht die politischen Töne wichtig waren, sondern das Zusammentreffen: »Die Verwandten und Bekannten, die alten Freunde und Nachbarn wollen sich wieder sehen, die weit zerstreut wurden. Das ist so konkret wie in den Unterteilungen eng umgrenzt: nicht aufs Weltläufige kommt es an, kaum auf die Provinz, sondern auf die eine Stadt oder die zwei, drei Dörfer. Denn dort war man zu Hause, dort ist die Heimat, und was sie bedeutet, das kann ganz nur ermessen, wer sie wirklich verlor« (von Krockow 31).

In Gesprächen mit Heimatvertriebenen wird mir deutlich, was Heimat für sie bedeutet. Ein befreundeter Architekt, der aus dem Sudetenland schon als Kind vertrieben wurde, erzählte mir, wie ihn das Thema Heimat umtreibt. Er weiß, dass das Sudetenland keine Heimat für ihn ist. Und doch musste er nach Öffnung der Grenzen unbedingt einmal dorthin fahren, um die Atmosphäre zu eratmen, zu erspüren, zu ertasten, die ihn als Kind dort umgeben hat. Er konnte letztlich nicht benennen, was das Gefühl von Heimat für ihn ist. Aber er spürt, dass ihm, je älter er wird, desto mehr das Thema Heimat umtreibt und ihn in Berührung bringt mit seiner wahren Identität, mit seinem Selbst, das Wurzeln hat in einer Welt, die lange für ihn verschlossen war.

Schon vor den Millionen Heimatvertriebenen nach dem Krieg wurden Tausende von Juden und Intellektuellen ab 1933 aus der Heimat vertrieben, weil sie mit ihren Anschauungen oder wegen ihrer Herkunft im Nazideutschland nicht mehr bleiben konnten. Es entstand das Heer der Exilanten. Oft waren es Dichter. Sie haben nicht den Orten in Deutschland nachgetrauert. Für sie war die deutsche Sprache ihre Heimat. Allerdings mussten sie miterleben, wie diese Sprache im Dritten Reich missbraucht und verunstaltet wurde, wie sie zur »Sprache des Unmenschen« wurde.

Heute leben unter uns viele Menschen, die ihre Heimat verlassen haben. Da sind die Gastarbeiter, die Flüchtlinge, die Asylanten. Und es sind die vielen Menschen, die wegen ihrer Arbeit immer wieder an anderen Orten leben müssen. Für sie alle ist die große Frage, wo sie sich daheim fühlen und was für sie Heimat bedeutet. Manche Türkinnen leben noch so stark in ihrer Heimat, dass sie gar kein Bedürfnis haben, die Sprache ihres Gastlandes zu lernen. Andere fühlen sich in Deutschland zu Hause. Sie möchten nicht mehr zurück. Aber bei all den Menschen, die ihre Heimat verlassen haben, taucht irgendwann einmal die Frage nach ihrer inneren Heimat auf. Sie können nicht einfach so in den Tag hineinleben. Sie müssen sich bewusst machen, was ihre Identität ist und was ihnen Heimat schenkt.

Schon in der Romantik haben gerade die Dichter die Heimat gepriesen, die aus der Heimat entweder freiwillig gegangen sind oder vertrieben wurden. Theodor Fontane schreibt: »Erst die Fremde lehrt uns, was wir an der Heimat besitzen«. Walter Jens sagt von all diesen romantischen Dichtern und ihren Nachfolgern im 20. Jahrhundert: »Nur die Poesie der Ausfahrer, Exilierten und Vertriebenen kann adäquat beschreiben, was Heimat ist – nicht Dichtung der Nesthocker, die ihr heimeliges Glück im Winkel besingen, Provinzialität für Bodenständigkeit halten und dabei noch glauben, die großen, ihrem Land treu gebliebenen Sänger der Heimat, von Hebel bis Fontane, für sich reklamieren zu können« (Walter Jens, Nachdenken über Heimat. Fremde und Zuhause im Spiegel deutscher Poesie, in: Heimat, hg. von Horst Bienek, München 1985, 17). Die Dichter, die in der Fremde waren, haben gelernt, ihre Heimat nicht nur anders, sondern auch richtig zu sehen, die Maßstäbe zurechtzurücken. Sie haben die Heimat nicht verklärt, sondern die Spannung beschrieben zwischen dem Heimweh nach dem Vertrauten und dem Leiden an der Enge, der sie bewusst entflohen sind.

Hildegard von Bingen sagt, die Kunst der Menschwerdung bestünde darin, unsere Wunden zu Perlen zu verwandeln. Das gilt auch für die Heimatlosigkeit. Die Erfahrung der Heimatlosigkeit gehört zu jedem von uns, selbst wenn wir nie aus unserer Heimat vertrieben worden sind. Aber manchmal fühlen wir uns mitten unter unseren Freunden fremd. Wir spüren, dass sie uns nicht die letzte Heimat sein können. Wenn wir uns aussöhnen mit unserer inneren Heimatlosigkeit, werden wir die Einsamkeit anderer Menschen spüren. Wir können die Wunde unserer Heimatlosigkeit in eine Perle verwandeln, indem wir heimatlos gewordenen Menschen ein Stück Heimat gewähren. Wer sein Herz für den Einsamen öffnet, schafft um sich herum einen Raum, in dem sich der Einsame zu Hause fühlen kann.

Der Mensch ist von seinem Wesen her beides: auf Heimat angewiesen und zugleich heimatlos. Die Bibel hat das in der Erzählung vom Paradies ausgedrückt. Der Mensch spricht oft von seiner Heimat als von einem Paradies. Dort war er geborgen. Dort war die Welt noch in Ordnung. Doch schon die Bibel weiß, dass der Mensch aus dem Paradies vertrieben wurde. Als dem Menschen die Augen aufgingen, als er die Ordnung des Paradieses missachtet hat, da verlor dieser Ort für ihn die Atmosphäre von Heimat. Da wurde ihm alles fremd. Die Erde war nicht mehr Heimat. Er musste unter Mühsal den Ackerboden bearbeiten. Wir finden uns in der Rolle des Adam, der die Erde nicht mehr als heimatlichen Garten erfährt, sondern als Ort voller Dornen und Disteln. Und wir sind wie Kain, der ruhelos herumwandern muss, ohne Heimat zu finden. Kain sagt zu Gott: »Du hast mich heute vom Ackerland verjagt, und ich muss mich vor deinem Angesicht verbergen; rastlos und ruhelos werde ich auf der Erde sein« (Genesis 4,14). Das ist die Situation, in der wir uns heute befinden: vertrieben aus dem Paradies unserer Heimat, vertrieben von der Ackerscholle, die uns genährt hat, und zugleich auf der Suche nach der verlorenen Heimat. Friedrich Nietzsche hat das eindrucksvoll in seinem Gedicht »Vereinsamt« beschrieben:

> Die Krähen schrein
> Und ziehen schwirren Flugs zur Stadt:
> Bald wird es schnein, –
> Wohl dem, der jetzt noch Heimat hat!
>
> Nun stehst du starr,
> Schaust rückwärts, ach! Wie lange schon!
> Was bist du Narr
> Vor Winters in die Welt entflohn?
>
> Die Welt – ein Tor
> Zu tausend Wüsten stumm und kalt!
> Wer das verlor,
> Was du verlorst, macht nirgends halt.
>
> Nun stehst du bleich,
> Zur Winter-Wanderschaft verflucht,
> Dem Rauche gleich,
> Der stets nach kältern Himmeln sucht.
>
> Flieg, Vogel, schnarr
> Dein Lied im Wüstenvogel-Ton!
> Versteck, du Narr,
> Dein blutend Herz in Eis und Hohn!

Die Heimat verlassen

Die Krähen schrein
Und ziehen schwirren Flugs zur Stadt:
Bald wird es schnein, –
Weh dem, der keine Heimat hat.

FRIEDRICH NIETZSCHE

Nietzsche beschreibt unsere Situation. Es ist Winterlandschaft. Wir sind Toren, dass wir in diese Welt gerade vor dem Winter hinausgezogen sind. Jetzt kommt uns alle Welt wie eine kalte und herbe Winterlandschaft vor, die unsere Herzen erstarren lässt. In der Winterlandschaft können wir nicht daheim sein. Da spüren wir, dass wir die Heimat verloren haben. So schauen wir nach rückwärts und erstarren. Weil wir mit der Heimat uns selbst verloren haben, machen wir nirgends halt. Wir müssen immer weiter. Es ist kein romantisches Wandern durch eine vertraute Landschaft, wie es die Romantiker beschrieben haben. Vielmehr sind wir zur »Winter-Wanderschaft verflucht«. Es ist ein Wandern in der Kälte und Wüste dieser Welt. Wir können nicht mehr wirklich singen, unser Herz im Gesang ausdrücken. Nur im Ton eines Wüstenvogels vermögen wir noch zu schnarren. Wir zeigen unser Herz nicht mehr. Es ist zu verwundet. Wir verstecken es in Eis und Hohn. In dieser Kälte kann nur der bestehen, der »jetzt noch Heimat hat«, wie es die erste Strophe ausdrückt. Doch Nietzsche wendet sich in der letzten Strophe an die, die die Heimat verloren haben: »Weh dem, der keine Heimat hat!« Das gilt nicht nur von den Heimatvertriebenen, die durch Krieg aus ihrer Heimat fliehen mussten. Wir alle sind letztlich Heimatvertriebene, vertrieben aus unserer inneren Heimat. Wer sich selbst verloren hat, für den wird alles um ihn herum kalt und trostlos.

Die Heimat verlassen

Dem pflichtet der Schriftsteller Horst Bienek bei. Er sagt: »Keine Heimat zu haben, ist ein Verlust, daran ist nichts zu deuteln« (Horst Bienek, Schlesien – aber wo liegt es? Eine melancholische Erinnerung, in: Heimat. Neue Erkundungen eines alten Themas, hg. von Horst Bienek, München 1985, 60). Und er zitiert seinen österreichischen Kollegen Jean Amery, der in seinem Essay »Wieviel Heimat braucht der Mensch?« mit Trauer geschrieben hat: »Die Heimat ist das Kindheits- und Jugendland. Wer sie verloren hat, bleibt ein Verlorener« (Bienek 60). Letztlich aber haben wir alle ein Stück unserer Heimat verloren. Denn wir können sie nicht festhalten. Wir mussten alle auswandern aus der Heimat, die für uns zugleich Kindheit war. Horst Bienek drückt es für sich so aus: »Kindheit ist Heimat. Und insofern bin ich ein Vertriebener (wie wir alle), seit ich aus der Kindheit vertrieben wurde und ein Erwachsener geworden bin« (Bienek 61). Und er meint, gerade weil man die Heimat verloren hat, muss man immer wieder darum ringen, sich an sie zu erinnern: »Wahrscheinlich muss man den Verlust tatsächlich spüren, an ihm leiden, um ihn in der Beschwörung der Wörter vergessen zu machen«. Und Bienek zitiert zustimmend Marcel Proust: »Die wahren Paradiese sind die verlorenen Paradiese« (Bienek 61). Das gilt wohl auch vom Sprechen von der Heimat. Wir sprechen über die Heimat immer als etwas, das einmal war, was wir verloren haben, oder aber als etwas, was noch nicht war, was aber – wie Ernst Bloch meint – in die Kindheit hineinschien, damit wir uns auf den Weg machen, die Heimat zu suchen, nach der wir uns im Herzen alle sehnen.

Immer wieder begegne ich Menschen, die mir davon erzählen, dass sie keine schöne Kindheit hatten, dass sie keine guten Heimatgefühle kennen. Sie können mit dem Lob der Heimat nichts anfangen. Andere haben als Kinder Heimat erlebt. Aber sie sind aus dieser Heimat herausgerissen worden. Jetzt haben sie den Eindruck, dass sie wurzellos sind, dass sie sich selbst verloren haben. Sie wissen nicht, wohin sie gehören, wo sie andocken können, wo sie so etwas wie Heimat suchen sollen.

Ein therapeutischer Weg wäre sicher, diese Menschen in ihre innere Heimat zu führen, wie es in einem späteren Kapitel beschrieben wird. Aber allein der innere Raum als Heimat genügt nicht. Der Mensch braucht auch ein Stück Erde zur Heimat. Er muss auch an einem Ort daheim sein können. Manche fühlen sich aber dort, wo sie wohnen, nicht daheim. Für sie ist es oft der Urlaub, der sie an Lieblingsorte führt, in denen sie sich daheim fühlen. Es sind meist nicht Orte, die besondere Sehenswürdigkeiten auszeichnen. Vielmehr sind es Orte, die gastfreundlich sind, und Orte, an denen sie auch die Natur als etwas Bergendes und Behütendes erfahren. Manche fahren im Urlaub darum auch oft dorthin, wo sie als Kind aufgewachsen sind. Aber oft sind diese Aufenthalte von Enttäuschungen geprägt. Sie finden nicht das, was sie gesucht haben.

Gut wäre, wenn wir nicht nur im Urlaub Orte hätten, an denen wir uns geborgen wie daheim fühlen. Vielleicht gibt es in der unmittelbaren Umgebung meines Wohnortes einen Wald, der mich wie ein Mantel einhüllt, oder eine Wiese, auf der ich mich getragen fühle, oder eine Bank, von der aus ich in die Landschaft schaue und in diesem Blick Frieden und Geborgenheit erfahre. Oder aber ich kenne eine Kirche, in die ich mich gerne setze, um einfach da zu sein, getragen, eingehüllt in Gottes Liebe. Wir brauchen nicht nur die innere Heimat. Wir leben als Menschen in dieser Welt und brauchen in dieser Welt Orte, die uns das vermitteln, was wir mit Heimat verbinden. In der Kindheit haben wir Heimat erfahren, weil wir mit allen Sinnen und mit dem ganzen Herzen dort gelebt haben. So kann uns der Ort, an dem wir leben, auch zur Heimat werden, wenn wir uns Zeit lassen, ihn zu meditieren, ihn zu erwandern, ihn zu spüren. Wer die Stadt, in der er wohnt, immer nur mit seiner Heimatstadt vergleicht, nimmt die Schätze gar nicht wahr, die in dieser Stadt stecken. Und wer nur flüchtig durch die Landschaft fährt, der kann sie nicht als Heimat erleben. Heimat braucht Zeit, und Heimat braucht auch unsere eigene Hinwendung. Indem wir uns auf die Landschaft einlassen, beschenkt sie uns. Auf einmal werden vertraute Wege durch den Wald zur Heimat. Oder der Blick aus dem Fenster vermittelt uns das, was als Heimat in unsere Kindheit schien: die Ahnung von Geborgensein und Getragensein.

Fühlst du dich als Heimatvertriebener, als einer, der vertrieben wurde aus der Heimat seiner Kindheit, aus der Geborgenheit eines geschützten Elternhauses? Oder hast du dich nie zu Hause gefühlt? Hast du mit der Heimat dich selbst verloren? Wo findest du heute Orte, an denen du daheim sein kannst, an denen du einfach da bist, willkommen geheißen von dem Raum, der dich umgibt, von der Landschaft, in die du dich eingebettet fühlst? Wenn du keine solchen Orte kennst, dann mache dich auf den Weg: Setze oder stelle dich öfter einfach hin, halte inne und spüre in dich hinein: Was ist für dich Heimat? Wonach sehnst du dich, wenn du an Heimat denkst? Welches Gefühl sollte sich einstellen, damit du dich jetzt in diesem Augenblick daheim fühlst? Bist du deiner Heimatverlorenheit ausgeliefert oder kannst du

selbst etwas dazu tun, dich daheim zu fühlen? Welche Bilder und Vorstellungen helfen dir, dich zu Hause zu fühlen?

Wenn keine Bilder in dir auftauchen, dann mache folgende Übung: Setze dich in deiner Wohnung in deinen Lieblingsstuhl. Stelle dir vor, dass dich der Frieden deines Zimmers einhüllt. Und dann stelle dir vor, dass Gottes Liebe dich umgibt wie ein schützender Mantel. Oder stelle dir vor, dass all die Menschen, die du je geliebt hast und die dich geliebt haben, dich jetzt mit ihrer Liebe umgeben. Dann kannst du jetzt mitten in der Heimatlosigkeit Heimat erfahren.

Heimat und Sprache

Heimat und Sprache

Die Mutter spricht das Kind an. Die ersten Worte, die das Kind immer wieder hört, prägen das Gemüt eines Kindes. Dabei sind es nicht nur die Worte, die gesprochen werden, sondern die Art und Weise, wie sie ausgesprochen werden. Wenn diese Worte Liebe vermitteln, Zuwendung, Halt, Klarheit, Zärtlichkeit, dann entwickelt sich das, was wir im Deutschen »Muttersprache« nennen. Es ist nicht nur die Sprache, die die Mutter zu uns gesprochen hat, sondern die Sprache selbst wird zur Mutter, die sich uns zuwendet, die uns tröstet, die uns ermutigt und die uns auf all das Schöne unseres Lebens hinweist. Wenn Menschen in ihren Heimatort kommen, dann tönt ihnen sofort der eigenartige Klang entgegen, in dem man dort spricht. Das gilt vom Dialekt, aber auch von der ganzen Melodie. Die neue Hochschätzung des Dialektes, die wir heute wieder beobachten, entspricht dieser Sehnsucht nach der Sprache als Heimat. Im Dialekt kann man normalerweise keine theoretischen Diskussionen führen. Dialekt ist Ansprache und Zusprache. Da fühle ich mich als Person angesprochen und es wird mir etwas zugesprochen. Es wird mir die Liebe zugesprochen, aber auch die Weisheit, die die Menschen dieses Ortes in ihrer Sprache verdichtet haben.

Besonders sensibel für die Sprache als Heimat sind die Schriftsteller und Dichter. Sie spüren sofort, wo die Sprache verfälscht wird. Und sie sind sensibel dafür, wie über Heimat gesprochen wird. So möchte ich einige Schriftsteller zitieren, die sich im Jahre 1997 in Speyer zu einer Tagung über den Begriff Heimat trafen. Es waren Schriftsteller und Schriftstellerinnen aus Deutschland, Israel und Palästina. Für sie war das Thema Heimat höchst existenziell. Die Juden und Palästinenser, die aus der Heimat vertrieben wurden, leiden an der verlorenen Heimat. Die deutschen Schriftsteller können nur sehr vorsichtig über Heimat sprechen, weil vor allem die jüdischen Dichter von der Heimatideologie des Dritten Reiches tief verletzt waren. So möchte ich zunächst ihrem Suchen nach der richtigen Sprache über Heimat nachspüren, um dann ihre Gedanken über die Sprache als Heimat zu bedenken.

In den Vorträgen und Beiträgen kam oft die Skepsis an dem in Verruf geratenen Heimatbegriff hoch. Aber bei aller Skepsis war doch auch ein Ringen um das, was der Begriff Heimat für die Menschen in Deutschland, Israel und Palästina darstellt und was er in ihren Herzen an Sehnsucht hervorruft. Die Autoren, die ja mit Vertreibung und Entwurzelung hautnah konfrontiert sind, lösen die Heimat von ihrer Ortsgebundenheit. Für manche ist die Sprache die Heimat. In der Sprache denken sie, formulieren sie, drücken sie ihre Gefühle aus, da sind sie zu Hause. Für andere ist es eine geistige Wirklichkeit, eine transzendente und manchmal auch religiöse Wirklichkeit. Der frühere tschechische Staatspräsident Vaclav Havel erinnert daran, dass die Heimat nie nur der Geburtsort ist oder der Ort, an dem wir aufgewachsen sind: Das Wort Heimat »ist vom urgermanischen ›Haima‹ abgeleitet, welche uns nicht nur nahestehende und vertraute Welt, also eine Schicht unseres Zuhauses bezeichnet, sondern auch die Welt und das Weltall in seiner Gesamtheit« (Kathäuser, in: Heimat: Das allen in die Kindheit scheint und worin noch niemand war. Deutsch-israelisch-palästinensisches Lesebuch, hg. von Hans-Georg Meyer und Klaus Wiegerling, Frankfurt 1997, 25). Und er warnt davor, dass Heimat nicht zu einem ungelüfteten Loch wird, wenn man nur auf den Heimatort fixiert ist. Sie soll vielmehr zu einem »Sprungbrett der menschlichen Entfaltung« werden.

Der deutsch-italienische Schriftsteller Franco Biondi sieht eine wichtige Bedingung für einen Ort, den er Heimat nennen würde: »Erst die Begegnung mit dem Fremden macht für mich Heimat erfahrbar. Ist Begegnung nicht möglich, dann ist die Voraussetzung für Heimat nicht gegeben« (Biondi in Meyer/Wiegerling 33).

Sein deutscher Kollege Andreas Dury meint: »Für viele Menschen hat Heimat etwas mit Kindheitserlebnissen zu tun, und kaum einer, der, über seine Heimat befragt, nicht von dem Ort spricht, an dem er geboren und aufgewachsen ist oder zumindest einen beträchtlichen Teil seiner Kindheit verbracht hat. Heimat in diesem Sinn ist als der Ort anzusehen, an dem man zuerst, in der frühesten Kindheit, auf die Außenwelt trifft. Heimat als Ort der Primärerlebnisse hat darum auch den Beigeschmack eines verlorenen Paradieses« (Dury in Meyer/Wiegerling 43). Und er ergänzt: »Nur der, der keine Heimat hat, sehnt sich danach« (Dury in Meyer/Wiegerling 44). Für manche, die immer in der Heimat bleiben, bekommt Heimat oft etwas Einengendes oder Beschränkendes.

Der jüdische Dichter Amir Or nennt verschiedene hebräische Worte, die Heimat bedeuten können. Ein Wort hat mich besonders angesprochen: *Mechora* = »der Platz, wo du deine Brunnen gräbst« (Or in Meyer/Wiegerling 112). Wenn ich dieses Wort nicht nur wörtlich nehme, sondern als Bild für mein Leben, dann ist Heimat der Ort, wo ein Brunnen ist, aus dem ich trinken kann. Das kann ein Brunnen in mir selbst sein, so, wie es der römische Philosoph Seneca meint: »*Omnia mea mecum porto*: Alles, was mir wesentlich ist, trage ich bei mir« (Or in Meyer/Wiegerling 24). Das können aber auch die Brunnen der Landschaft und der Denkweise meiner Heimat sein. Ich trinke aus dem Geist der Schriftsteller meiner Heimat. Ich trinke aus dem Geist der Tradition, aus der Weisheit der Menschen, die hier an diesem Ort gelebt und ihre Weisheit einander weitergereicht haben. Und ich trinke aus dem Glauben, mit dem die Menschen meiner Heimat ihr Leben bewältigt haben. Auch für Amir Or ist die Sprache die Heimat: »Für mich als Dichter ist die Sprache die wirkliche Heimat: das Mutterland, an dessen Busen ich den Frieden der Bedeutung finden kann, in dem ich geboren und wiedergeboren werde« (Or in Meyer/Wiegerling 114).

Über die Sprache als Heimat hat vor allem die jüdische Dichterin Hilde Domin geschrieben. Heimat ist für sie das Unverlierbare. Und das ist eben die Sprache: »Für mich ist die Sprache das Unverlierbare, nachdem alles andere sich als verlierbar erwiesen hatte. Das letzte, unabnehmbare Zuhause. Nur das Aufhören der Person (der Gehirntod) kann sie mir wegnehmen. Also die deutsche Sprache. In den anderen Sprachen, die ich spreche, bin ich zu Gast. Gern und dankbar zu Gast. Die deutsche Sprache war der Halt, ihr verdanken wir, dass wir die Identität mit uns selbst bewahren konnten. Der Sprache wegen bin ich auch zurückgekommen« (Or in Meyer/Wiegerling 155).

Der Zustand im Exil war für Hilde Domin »unheimlich«. Für sie heißt das Zuhausesein in der Sprache zugleich Mitspracherecht und Zugehörigkeit. Wenn sie spricht, hört man ihr zu. So ist sie zugehörig. Das ist eine wichtige Erfahrung für die eigene Identität. In der Sprache drückt sie ihre Gefühle aus. Aber nicht nur die Sprache, die wir sprechen, ist Heimat, sondern auch die Sprache, die zu uns spricht. Wenn wir Bücher lesen, tauchen wir gleichsam in das Haus der Sprache ein. Wenn es unsere Muttersprache ist, dann tauchen

Heimat und Sprache

wir in die mütterliche Geborgenheit ein. Dann erinnern uns all die Worte an die ersten Worte der Liebe, die uns unsere Mutter zugesprochen hat.

Ein junger Mann, der als Zivildienstleistender in Israel alte deutsche Juden betreut hat, erzählte mir, dass diese Menschen, die von Deutschen so viel Leid erfahren haben, dennoch ständig das deutsche Fernsehen anmachten. Sie wollten diese Sprache hören, in der sie aufgewachsen sind, in der sie daheim waren, in der ihre Mutter und ihr Vater zu ihnen gesprochen haben. Offensichtlich kommen sie, indem sie die Sprache ihrer Heimat hören, bei sich selbst an, tauchen ein in die Gefühlswelt, die sie geprägt hat, haben teil an den Wurzeln, aus denen sie heute noch ihre Kraft beziehen.

Das Problem vieler Dichter, die aus dem Exil nach Deutschland zurückgekehrt sind, war die Verfälschung der Sprache. Sie haben deutlicher als die daheimgebliebenen Schriftsteller gespürt, dass das Dritte Reich die Sprache verroht hat. Es war nicht mehr die Sprache der Dichter und Denker, sondern die Sprache von Unmenschen. Der Politikwissenschaftler Dolf Sternberger hat diese Sprache des Unmenschen untersucht. In seiner Einleitung schreibt er: »Der Verderb der Sprache ist der Verderb des Menschen. Seien wir auf der Hut! Worte und Sätze können ebensowohl Gärten wie Kerker sein, in die wir, redend, uns selbst einsperren« (Dolf Sternberger, Aus dem Wörterbuch des Unmenschen, Hamburg 1957, 9). Die Sprache des Unmenschen zeichne sich aus durch eine Anhäufung von Zugriffsworten, wie sie in den Worten mit dem Präfix »be« aufscheinen: »befehlen, beaufsichtigen, bekämpfen, beherrschen, bestimmen, behandeln, befolgen«. Das Präfix »be« meine die Einwirkung auf eine Person bis hin zur vollen Bewältigung und Bemächtigung dieser Person oder Sache. Dolf Sternberger musste bei der Neuausgabe seines Buches feststellen, dass diese Sprache des Unmenschen sich über das Dritte Reich hinaus gehalten hat und vor allem in der Behördensprache weiterwirkt. Die Sprache als Heimat braucht daher immer auch Pflege und Achtsamkeit, sonst wird selbst die Sprache den Heimatvertriebenen fremd. Manche deutsche Dichter waren erschrocken über die Verrohung der Sprache. Sie spürten, dass man ihnen auch die Heimat der Sprache geraubt hatte.

Jean Amery hat diese pessimistische Sicht der Heimat in seinem Essay »Wie viel Heimat braucht der Mensch?« beschrieben: »Die Vergangenheit war urplötzlich verschüttet ... man wusste nicht mehr, wer man war« (zitiert in Walter Jens, Nachdenken über Heimat, Fremde und Zuhause im Spiegel deutscher Poesie, in: Heimat, hg. von Horst Bienek, München 1985, 20). Er konnte nicht in die Heimat zurückkehren. Denn sie war ihm zu fremd geworden. Selbst die Sprache war eine andere geworden. So wusste er nicht mehr, wer er war. Er musste von Neuem seine Identität finden. Die Heimat hatte ihre identitätsstiftende Funktion verloren. Die Dichter des Exils lehren uns, dass allein dort Heimat ist, »wo Provinzialität durch weite Horizonte, Selbstbewusstsein durch Offenheit gegenüber den Fremden konterkariert wird« (Jens in Bienek 25). Und die Dichter des Exils erinnern uns daran, dass heute nicht nur die deutsche Sprache, sondern die Sprache überhaupt in Gefahr ist, verfälscht zu werden. Daher »ist die neu aufgebrochene Heimat-Diskussion (nicht nur in der Literatur) längst zu einem Gespräch über die Zukunft von Sprache als Indikator einer menschenwürdigen Zukunft des Menschen geworden« (Wolfgang Frühwald, Deutschland, bleiche Mutter. Die Auseinandersetzung um Wort und Begriff der Heimat Deutschland zwischen dem Nationalsozialismus und der Literatur des Exils, in: Heimat, hg. von Horst Bienek, München 1985, 41).

Heute gibt es nicht nur die Gefahr einer kalten menschenverachtenden »*Business*-Sprache«, sondern auch die Tendenz, den Schatz der Muttersprache aufzugeben zugunsten einer neuen Kunstsprache. In vielen Firmen ist die offizielle Sprache der Kommunikation Englisch, obwohl die meisten Angestellten nicht in dieser Sprache daheim sind. Auch das führt oft dazu, dass ein schlechtes Englisch gesprochen wird, das jedem Anglisten die Schamröte in das Gesicht treibt. Denn das ist nicht die englische Kultursprache, sondern eine rein funktionale Sprache. In einer funktionalen Sprache können wir jedoch keine Heimat erleben.

Viele Lehrer klagen darüber, dass die Schüler immer weniger Sprachgefühl mitbringen. Ich erschrecke manchmal, wenn ich Jugendlichen zuhöre, wie sie sich nur Wortfetzen zuwerfen, aber nicht mehr fähig sind, miteinander zu reden. Die Computersprache hat die Heimatsprache, die Muttersprache, ersetzt. Doch in der Computersprache kann man genauso wenig daheim sein wie in der Business-Sprache. So wäre es eine wichtige Aufgabe, wieder ein Gespür für die Sprache als Heimat zu vermitteln.

Der Kirchenlehrer Ambrosius von Mailand sagt, dass das Wort das Haus des Geistes ist. Mit unseren Worten bauen wir ein Haus. Wer von sich entfremdet oder in sich gespalten ist, baut mit seinen oft kalten oder bewertenden und verurteilenden Worten ein Haus, in dem sich niemand zu Hause fühlt. Wer aber bei sich selbst wohnt und wer – wie Benedikt von Nursia – wachsam auf sich und die Regungen seiner Seele achtet, der wird Worte sprechen, die für die Menschen einladend sind, von denen sie sich berührt fühlen. Seine

Heimat und Sprache

Worte werden ein Haus bauen, in dem sich die Menschen zu Hause fühlen, angenommen, geliebt, in dem sie sein dürfen, wie sie sind. Bei sich daheim sein heißt daher nicht nur, sich zurückzuziehen, sondern bei allem, was wir tun, aus dieser inneren Heimat heraus zu leben und zu wirken. Dann werden wir mit unseren Worten, aber auch mit unserer ganzen Ausstrahlung ein Haus bauen, in dem sich die Menschen gerne niederlassen, in dem sie sich daheim fühlen.

Jesus hat mit seiner Sprache für die Menschen ein Haus gebaut, in dem sie sich daheim fühlten. Er sagt von sich: »Ihr seid schon rein durch das Wort, das ich zu euch gesagt habe. Bleibt in mir, dann bleibe ich in euch« (Johannes 15,3f). Jesus hat so gesprochen, dass die Menschen sich rein fühlten, dass sie in Einklang kamen mit sich selbst. Und sie hatten das Gefühl, in seinen Worten wohnen zu können und durch seine Worte in ihm selbst Heimat zu finden. Doch das gelingt nur, wenn unsere Worte nicht bewerten und nicht vermischt sind mit meinen Nebenabsichten, wie Angeben, Sich-über-die-anderen-Stellen, Verurteilen und Verletzen. Die Sprache wird nur dann zur Heimatsprache, wenn sie die Qualität der bedingungslosen Annahme des Zuhörenden vermittelt. Sobald die Sprache bewertend oder verurteilend ist, verliert sie den Charakter der Heimatsprache. Das ist wohl auch ein Grund, warum der Dialekt heute wieder neu geschätzt wird. Der Dialekt ist eine ältere Sprache, die das Bewerten und Verurteilen kaum kennt. Sie bringt in Bildern zur Sprache, was ist. Sie lässt die Menschen in den Worten wohnen, die sie bildhaft zum Ausdruck bringt.

Heimat und Sprache

 Was sind die ersten Worte deiner Mutter oder deines Vaters, an die du dich erinnern kannst? Was waren deine eigenen ersten Worte, die du gesprochen hast? Wenn du an die Menschen in deinem Heimatort denkst, was ist die besondere Melodie der Sprache, der besondere Geschmack? Was geht von dieser Sprache aus? Wie erfährst du die Sprache, die ihr in eurer Familie sprecht? Verbindet euch die Sprache, schafft sie ein Haus, in dem ihr zu Hause seid? Wie erlebst du die Sprache in der Firma, auf den Ämtern, in der Politik? Welche Worte aus Gedichten, aus Romanen, aus der Bibel fallen dir spontan ein, die für dich Heimat geworden sind? Welche Zusagen von Menschen, welche Worte der Liebe haben sich in dein Herz eingeschrieben? Schreibe dir ein paar Worte auf, die dir Heimat bedeuten. Und lass diese Worte immer wieder in dir ertönen!

Heimat und Musik

Heimat und Musik

Für den Philosophen Ernst Bloch hat die Musik eine wichtige Bedeutung bei der Heimatsuche. In ihr klingt etwas vom Heimatklang an, von der Ahnung einer Utopie, die in unsere Herzen schon hineinklingt, aber noch nicht wirklich für uns sichtbar und erlebbar ist. Das gilt nicht nur für die Heimatlieder, die wir gerne gemeinsam singen und die uns an etwas erinnern, was wir mit Sehnsucht nach Liebe und Geborgenheit und mit dem Gefühl für das Geheimnisvolle verbinden. Es gilt von jeder Musik. Jede tiefe Musik rührt in unserem Herzen etwas an, was wir mit Heimat verbinden, mit der Beheimatung unserer Seele in der ewigen Heimat Gottes. Seit Plato klingt in der Musik etwas von der himmlischen Musik auf. Die Musik verweist uns also auf die ewige Heimat bei Gott. Die Musik ist gleichsam der Klang, den Gott uns geschenkt hat, um in uns die Sehnsucht nach der ewigen Heimat zu erwecken.

Seit über 25 Jahren arbeite ich im Recollectiohaus unserer Abtei mit Priestern und Ordensleuten, mit Männern und Frauen, die in der Kirche arbeiten und etwas für ihre Seele tun wollen. Bei jedem Kurs fahren wir einen Nachmittag auf den Winkelhof im Steigerwald, wandern dort durch den Wald, halten miteinander Eucharistie und essen zu Abend. Nach dem Abendessen beginnt meistens eine Gesangsrunde. Da werden alte Heimatlieder gesungen. Ich selbst spüre beim Singen dieser alten Lieder, wie da das Herz angerührt wird. Ich frage mich, was die Heimatlieder in mir auslösen. Ich erinnere mich an die Ausflüge im Internat. Dort haben unsere Erzieher, die alle einmal im Krieg waren und vorher bei der deutschen Wandervogelbewegung mitgemacht hatten, mit uns die alten Heimatlieder gesungen. Ich spürte, was das für die Mitbrüder bedeutete, die im Krieg fern ihrer Heimat waren. Unser Regens sang uns dann das Lied vor, das er in der Gefangenschaft in Afrika seinen Mitsoldaten vorgesungen hat: »Heimat, deine Sterne«. Er konnte uns erzählen, wie dieses Lied den Männern die Tränen in die Augen getrieben hat. Sie dachten an die Heimat, an ihre Frauen und Familien und an all das, was Heimat für sie bedeutete. Andere Heimatlieder sind sehr melancholisch. Indem wir sie singen, spüren wir, dass die Heimat, die wir besingen, vorbei ist, ja dass sie vielleicht nie so war, wie sie im Lied erklingt. Aber es ertönt eine Ahnung von Heimat und Geborgenheit, von Wehmut und von Liebe, die wir in der Heimat erfahren haben.

In der Gesangsrunde auf dem Winkelhof laden wir die Teilnehmer ein, ihre Heimatlieder zu singen. Da singt dann ein Schweizer ein typisches Schweizer Lied, ein Schwabe das Lied von der Schwäbischen Eisenbahn. Ein Franzose, ein Holländer, eine Slowenin, eine Kroatin, ein Ungar, ein Österreicher und eine Österreicherin, sie alle singen ihre Heimatlieder. Und in jedem Lied wird für uns Zuhörer etwas von der Heimat dieser Menschen erfahrbar.

Ein Mitbruder, der mit zwölf Jahren aus Schlesien fliehen musste und seine zweijährige Nichte im Arm hielt, um sie heil in den Westen zu bringen, erzählte mir: Auf der Flucht sang abends ununterbrochen eine Frau das Lied »Kein schöner Land in dieser Zeit«. Die Frau wurde irre an diesem Lied, sodass die anderen es ihr verboten. Sie spürten, dass das ständige Besingen der Heimat auch krank machen kann, vor allem, wenn es so zwanghaft geschieht. Für diesen Mitbruder war es damals nicht mehr möglich, dieses Lied in der Schule mitzusingen. Es war zu sehr belastet. Andere dagegen haben in diesem Lied ihre

Heimat beschworen und die Gemeinschaft, die beim gemeinsamen Singen in der Heimat entstanden war.

Als ich in Lettland war, erzählten mir die Leute, dass die Menschen dort gerne singen. Mitten in einem Land, das ständig unter fremder Herrschaft war – unter deutscher, polnischer und russischer – und das immer unterdrückt worden ist, singen die Menschen dort ihre Heimatlieder und erahnen etwas von ihrer eigenen Identität. Gegen die Heimatlieder waren die russischen Panzer machtlos. Die Lieder hatten eine größere Kraft als die militärische Macht der Russen.

Meine Mutter hat jahrelang in der Frauenmesse am Dienstag die Lieder angestimmt. Da hat sie oft diejenigen ausgewählt, die sie emotional angesprochen und die sie an ihre Kindheit in der Eifel erinnert haben. Sie hatte ihre Lieblingslieder, von denen sie schwärmte. Da kam sie in Berührung mit ihrer Heimat. Da wurde nicht nur über Gott gesungen, sondern der Gott der Liebe und der Barmherzigkeit, der mütterliche und väterliche Gott wurde in diesen Liedern hörbar und spürbar. An Weihnachten haben meine Eltern mit uns Weihnachtslieder gesungen. Und da suchten sie vor allem Lieder aus, die sie von ihren Eltern und Großeltern gelernt hatten. Da war offensichtlich der Wunsch, im Singen teilzuhaben an ihrer Glaubenskraft und Lebenskraft. Und es war die Ahnung, dass sie im Singen dieser Lieder die Heimat erfahren, die sie als Kind in der Eifel erlebt hatten.

Wenn ich mit dem Auto zu Vorträgen fahre, höre ich oft Bachkantaten, Mozartopern oder Schubertlieder – von Fritz Wunderlich gesungen. Manchmal muss ich eine Arie oder ein Lied nochmals hören, weil es gerade etwas Wichtiges in mir anspricht: etwa die Sopran-Arie »Gottes Engel weichen nicht«, die voller Vertrauen ist, dass wir nie allein sind, sondern auch auf den Wegen immer daheim, weil ein Engel uns begleitet. Oder ich höre die Arie der Gräfin in der Mozartoper »Die Hochzeit des Figaro«: »Dove sono i miei sentimenti? – Wo sind meine Gefühle?« In dieser Arie wird einfach die Liebe besungen als eine Macht, die unser Herz erfüllt. Das ist eine Liebe, die voller Sehnsucht ist, die aber nicht nur einen bestimmten Menschen meint, sondern die Himmel und Erde miteinander verbindet, die in mir die Sehnsucht nach Heimat weckt, nach einer Geborgenheit in einer Liebe, die alle Fasern meines Leibes und meiner Seele durchdringt.

Man könnte die Musik als Ort, an dem wir Heimat erfahren, auch von der Philosophie der Musik her entfalten. Martin Heidegger sagt einmal: »Hören führt in die Geborgenheit«. Wenn wir Musik hören und uns von ihr einhüllen oder den ganzen Leib durchdringen lassen, dann fühlen wir uns geborgen. Die Musik ist wie ein mütterlicher Arm, in dem wir uns bergen dürfen. Andere Philosophen sprechen davon, dass in der Musik etwas anklingt, was das Herz im Innersten berührt, was die Sehnsucht nach himmlischer Heimat mitten in diesem irdischen Leben weckt. Die Musik bringt uns mit den tiefen Emotionen unseres Herzens in Berührung, die in uns auftauchen, wenn wir an die Heimat denken. Der Philosoph Peter Sloterdijk meint, in der Musik sei immer beides: Ausfahrt und Heimkehr. Das Ohr »sehnt sich zurück in die archaische Euphonie des vorweltlichen Innen, es aktiviert die Erinnerung an eine euphorische Ekstase, die uns wie ein Nachleuchten vom Paradies her begleitet« (Peter Sloterdijk, Weltfremdheit, Frankfurt 1993, 301). Die westliche Musik hat beides in sich verkörpert: »Ausfahrt mit großem Orchester« und »Heimfahrten ins Innerste, Fernste – zurück auf die Inseln der Seligen« (Sloterdijk 302).

Heimat und Musik

Doch besser als die Musiktheorie kann der Mythos ausdrücken, wie die Musik uns mit der Heimat in Berührung bringt. Da gibt es die indianische Erzählung von Milomaki und dem Ursprung der Musik: Aus der Heimat der Sonne kam der Knabe Milomaki, der so wunderbar singen konnte, dass alle fasziniert waren. Doch als die Leute dann wieder daheim ihre Fische aßen, fielen sie tot um. Daher verbrannten sie Milomaki, der auch im Feuer noch sein wunderbares Lied sang. Aus der Asche Milomakis entstand eine Palme, aus der die Menschen dann Flöten formten und auf ihnen die wunderbaren Lieder Milomakis bliesen. Nur die Frauen und Kinder durften die Flöten nicht sehen, sonst mussten sie sterben. Die Musik kündet uns von der Heimat der Sonne, aus der Milomaki kommt. Aber wer sich noch ganz dem Irdischen zuwenden will, für den ist die Musik tödlich. Nur der vermag sie zu hören, der mitten in dieser Welt in der Welt der Sonne, der Liebe, in der Welt Gottes zu Hause ist und darin seine wahre Heimat findet.

Wenn wir diesen Mythos meditieren, so sagt er uns, dass die Musik aus der Heimat der Seele kommt, aus dem Reich der Sonne, aus dem Reich Gottes, und uns an diese Heimat erinnert. Aber die Musik lullt uns nicht einfach in eine regressive Geborgenheit ein. Dann würden wir sterben, drum würde unser Leben unfruchtbar. In der Musik steckt auch eine Sprengkraft, die das rein Irdische aufbricht und die uns nach vorne schauen lässt. Was Bloch mit der Hoffnung oder dem »*Novum* – dem Neuen« ausdrückt, das klingt in der Musik an. Die Musik sprengt die Grenzen des Irdischen, um uns auf unsere wahre Heimat zu verweisen. Und sie hilft uns, mitten in der Entfremdung unseres Lebens im Hören uns geborgen und daheim zu fühlen. Es ist eine Heimat, die noch aussteht und die uns auch

Heimat und Musik

antreibt, hier auf Erden für die Menschen, die sich verloren haben, Heimat zu schaffen.

> Was sind deine Lieblingslieder, die du als Kind gesungen hast? Welche Kirchenlieder haben dich berührt? Vermutlich hast du nicht alles verstanden, was du gesungen hast. Aber irgendetwas hat dich fasziniert. Was war das? An welche Heimatlieder erinnerst du dich, die ihr in der Schule oder am Lagerfeuer gesungen habt? Was lösen diese Lieder heute in dir aus, wenn du sie singst oder hörst? Was geschieht in dir, wenn du sie mit anderen Menschen zusammen singst? Welche Qualität hat die Heimat, die in diesen Liedern ertönt? Kennst du auch klassische Musikstücke, Schlager oder moderne Lieder, die lange in dir als Ohrwurm nachgeklungen haben? Welche Gefühle und Ahnungen haben sie in dir hervorgerufen?

Heimat in der mobilen Gesellschaft

Früher war Heimat an Haus und Hof gebunden. Sie hatte ihre Verwurzelung in dem Dorf, in der Stadt, in der man auf gewachsen ist. Man verband Heimat mit den Gerüchen, die man einatmete, mit der Atmosphäre der Landschaft und mit dem Dialekt, den man dort sprach. Heute gibt es immer mehr Menschen, die ihren Wohnsitz ständig ändern. Man kann kaum sagen, wo sie ihre Heimat sehen, in ihrem Geburtsort oder an einem der vielen Orte, an dem sie längere Zeit gewohnt haben.

Gerade weil die Welt immer mobiler wird, weil wir immer öfter den Wohnsitz wechseln, spielt für viele Menschen die Sehnsucht nach Heimat wieder eine größere Rolle. Aber Heimat wird anders definiert. Man versteht sie mehr als Zusammengehörigkeitsgefühl mit einer Gruppe von Menschen. Oft verbinden wir Heimat mit den Freunden, die wir an einem Ort gefunden haben und mit denen uns die Freundschaft über die vielen Ortswechsel hinweg verbindet. Heimat ist also mehr eine soziale Gruppe als ein bestimmter Ort. Heimat ist dort, wo man sich verstanden fühlt, wo man sein darf, wie man ist.

Nach Karl Jaspers ist Heimat dort, »wo ich verstehe und verstanden werde«. Nicht nur wo ich verstanden werde, sondern auch wo ich das, was dort ist, verstehe. Dort, wo ich das Leben, die Menschen verstehe, kann ich zu Hause sein. Dort kann ich stehen bleiben. Dort habe ich Stehvermögen. Heimat ist dort, wo ich liebe und geliebt werde, wo ich nicht nur die Menschen, sondern auch den Ort liebe und wo ich sowohl von Menschen als auch von dem Ort geliebt werde.

Heimat in der mobilen Gesellschaft

Man hat ja oft den Eindruck, dass nicht nur Menschen mich mögen, sondern auch ein Ort. Von ihm geht Liebe aus.

Wenn ich in Gesprächen danach frage, wo die Menschen an den verschiedenen Orten, an denen sie gewohnt haben, daheim waren, antworten sie: dort, wo sie Kontakte geknüpft haben, sich eingelassen haben auf die bestehende Gemeinschaft, dort, wo ein Freundeskreis entstanden ist. Manche erzählen auch, dass sie überall nur immer vorübergehend Wohnende waren. Sie haben sich nirgends eingewurzelt. Bürgermeister von Dörfern mit Neubaugebieten erzählen mir oft, dass in diesen Wohngebieten Menschen leben, die keinerlei Kontakt zur Dorfbevölkerung haben. Sie erscheinen weder in den Gottesdiensten noch bei den Festen der Gemeinde. Sie sind nicht nur selbst heimatlos. Sie nehmen auch den anderen im Dorf etwas von Heimat, weil sie ihnen vermitteln, dass sie mit ihnen nichts zu tun haben wollen. So entstehen nicht Städte oder Dörfer, in denen man daheim ist, sondern nur noch Wohnorte, an denen kein Interesse an Gemeinschaft vorhanden ist. Das führt dann oft zu Konflikten. Für die Alteingesessenen gehört zum Beispiel das Läuten der Glocke zum Heimatklang. Für die Neu-Zugezogenen wird es zur Lärmbelästigung, gegen die man gerichtlich vorgeht.

Umgekehrt aber erleben Menschen, die sich auf das Leben ihrer dörflichen oder kleinstädtischen Gemeinde eingelassen haben und dort schon dreißig oder vierzig Jahre lang wohnen, dass sie nicht als Einheimische betrachtet werden. Unbewusst unterscheiden die Menschen zwischen Einheimischen und Zugezogenen. Die Einheimischen wohnen seit Generationen am selben Ort und haben dessen Geist geprägt. Selbst wenn von den Zugezogenen in jüngerer Zeit mehr für die Gemeinschaft ausgegangen ist an Ideen und Anregungen als von den Alteingesessenen, zählt das alles nicht. Die »Neuen« werden vielleicht freundlich aufgenommen, aber dennoch spüren sie, dass sie nicht zu den Einheimischen gehören.

Heimat entsteht dort, wo wir vieles miteinander teilen, wo wir Freud und Leid miteinander erlebt haben. Man hält die Verbindung durch Telefon oder Mail-Kontakt weiterhin aufrecht. Aber oft genug wandeln sich diese Beziehungen auch. Es gibt die zeitweise Heimat, die einige Jahre trägt. Doch dann findet man wieder andere Freunde. Es gibt Freundschaften, die das Leben durchtragen. Aber viele dauern nur jeweils einen Lebensabschnitt lang. Dennoch sehnen sich die Menschen, die bald ein paar Jahre in Deutschland, dann in den USA, dann in England oder China wohnen, nach einem Kreis von Freunden, bei denen sie sich zu Hause fühlen. Die modernen Kommunikationsmittel überspringen die großen Entfernungen. Man schreibt einander Mails und berichtet, wie es einem geht. Man schickt Bilder von sich. Man telefoniert miteinander, um auch die Stimme des anderen zu hören. Durch Schreiben und Hören und Sehen wird die Gemeinschaft aufrechterhalten. So schafft man sich die Heimat, indem man die Kommunikation aufrechterhält mit denen, bei denen man sich einmal daheim gefühlt hat.

Für viele ist in der mobilen Gesellschaft nicht der Geburtsort die Heimat, sondern das Unternehmen, in dem sie arbeiten. Doch auch die heimatstiftende Funktion der Firma hat sich gewandelt. Früher gehörte es für die Menschen in Sindelfingen dazu, voller Stolz zu sagen: »Ich arbeite beim Daimler«. Daimler war für die Menschen dieser Umgebung Heimat. Die Kinder und Enkelkinder haben versucht, auch in dem Unternehmen unterzukommen. Viele Kleinstädte hatten mittelständische Firmen, die für viele Menschen in der Umgebung

Heimat waren. Man fühlte sich auch dort als Mensch geachtet. Dafür hat man sich auch für das Unternehmen restlos eingesetzt. Es entstand ein Wir-Gefühl, ein Heimatgefühl. Man blieb in dieser Firma oft bis zum Lebensende.

Heute gibt es immer weniger Arbeitgeber, die solch ein Heimatgefühl vermitteln können. In vielen Firmen gibt es eine andere Philosophie. Da werden die Menschen ständig versetzt. Gerade wenn ein Unternehmen weltweit agiert, werden die Mitarbeiter in ferne Orte geschickt. Da ist auch in der Firma Mobilität gefragt. In einer Diskussion mit Führungskräften sprachen wir darüber, ob das nicht eine Überforderung sei. Einer meinte, die Sehnsucht, in einem Unternehmen beheimatet zu sein, sei heute durchaus genauso groß wie früher. Aber nicht mehr der Ort, an dem die Firma ansässig ist, sei die Heimat, sondern die Kultur, die in dem Unternehmen gilt, werde zur Heimat. Das gelte etwa für die Möbelhauskette Ikea, die überall die gleiche Firmenkultur praktiziere. Die gleiche Kultur an verschiedenen Orten gebe den Mitarbeitern das Gefühl von Heimat. Die Frage ist, ob das genügt. Wenn ich innerhalb des Unternehmens auf einen anderen Kontinent versetzt werde, leidet daran die Familie. Denn sie hat an der Firmenkultur keinen Anteil. Frau und Kinder werden für ein paar Jahre in eine fremde Kultur verpflanzt und erleben dort oft Heimatlosigkeit.

Ein Teilnehmer der Diskussion meinte, das alte Gefühl der Beheimatung in der Firma würde nicht mehr in unsere mobile Gesellschaft passen. Es führe zur Stagnation. Man würde immer das Alte und Vertraute weitermachen wollen, ohne sich den Herausforderungen der Zeit zu stellen. Die heutige Zeit brauche Beweglichkeit und Flexibilität. Sonst könne ein Unternehmen nicht bestehen. Ich denke,

Heimat in der mobilen Gesellschaft

die beiden Pole von Flexibilität und der Sehnsucht nach Beheimatung müssen heute von jeder Firma ernst genommen werden. Wie kann ich den heimatlosen Menschen an ihrem Arbeitsplatz Heimat vermitteln, ohne dass sie sich behäbig breit machen und unbeweglich bleiben? Und wie kann ich in der Kultur des Unternehmens so etwas wie Heimat entwickeln, das den Menschen mitten in der Flexibilität Halt und Geborgenheit schenkt?

Interessant ist für mich, dass in letzter Zeit bei Seminaren und in der geistlichen Begleitung öfter das Thema Heimat auftaucht. Ein Mann, der eine gute Stellung in seiner Firma hat und sich dort wohlfühlt, hat gemeinsam mit seiner Frau beschlossen, in eine andere Stadt zu ziehen, in der Nähe des Geburtsortes der Frau. In dieser Stadt hat die Frau die ersten sieben Jahre ihres Lebens gelebt und sich dort daheim gefühlt. An dem Ort, an dem sie heute mit ihrem Mann lebt und arbeitet, hat sich dieses Gefühl von Daheimsein nie eingestellt. So sucht die Frau gemeinsam mit ihrem Mann nach einer geeigneten Wohnung in dieser Stadt. Sie verbindet mit der Wohnungssuche die Sehnsucht danach, sich dort daheim zu fühlen. Aber zugleich hat sie Angst, enttäuscht zu werden, dass sie dort in dieser Stadt gar nicht findet, was sie sucht. Im Gespräch mit ihrem Mann spürt sie, dass sie für sich ganz neu klären muss, was sie eigentlich sucht. Was ist Heimat für sie? Was bewirkt, dass sie sich an dem neuen Ort daheim fühlen kann? Sie wird ja kaum die Menschen wieder treffen, mit denen sie die ersten sieben Jahre gelebt hat. Die Stadt ist so groß und so in Bewegung, dass sie sich ständig wandelt. Was ist, wenn mir auch dieser Ort nicht das Gefühl von Daheimsein schenkt? Was suche ich eigentlich? Für beide ist klar, dass es nicht nur darum geht, in welche Stadt sie ziehen, sondern letztlich darum, was ihnen gemeinsam Heimat bedeutet und was sie daheim sein lässt. Das Gefühl, an dem momentanen Ort nicht daheim zu sein, sollten sie ernst nehmen. Aber sie sollten die neue Stadt auch nicht mit Erwartungen überfrachten, die sie nicht erfüllen kann. Eine Stadt kann eine Atmosphäre haben, die meinem Heimatgefühl entspricht. Aber ein Ort allein schenkt keine Heimat. Es braucht andere Dinge, die mich daheim sein lassen. Da ist einmal die Liebe des Mannes, das Eingebettetsein in die Familie, der Kreis von Freunden. Im Gespräch wurde beiden klar, dass es nicht nur um Heimat geht, sondern letztlich um die Wurzeln, die sie tragen. Indem sie in der Stadt Heimat suchen, begeben sie sich auf die Suche nach ihren eigenen Wurzeln, nach ihrer Identität, nach ihrem wahren Wesen: Was prägt meine Seele? Was lässt meine Seele daheim sein? Wonach sehnt sie sich?

Im Gespräch mit den Menschen, die umziehen wollen, wurde mir klar, wie die Suche nach der Heimat die Situation einer Familie beeinflusst. Die Suche nach Heimat bringt das bisherige Lebensgebäude der Familie ins Wanken. Sie muss sich klar werden, woraus sie lebt, was sie zusammenhält und was ihr Heimat schenkt. Den Eltern wird klar, dass das Haus, das sie für die Familie gebaut haben, langsam leer wird, wenn die Kinder aus dem Haus ziehen. Dann ist die Frage, ob das Haus für immer Heimat bleibt für die Kinder, wenn sie nach Hause kommen. Oder ob es einfach zu groß und nicht mehr zu halten ist, wenn es nur noch von einem alternden Ehepaar bewohnt wird. Kinder, die aus ihrer Familie ausziehen, machen sich auf den Weg, eine neue Heimat für sich zu finden. Aber sie verändern auch die Heimat der Eltern. So wird jede Familie immer wieder mit der Frage konfrontiert, was sie daheim sein lässt und wie sie für die Kinder trotz aller Mobilität Heimat bleiben kann.

Heimat in der mobilen Gesellschaft

In Gesprächen erlebe ich oft Menschen, die dort, wo sie herkommen, nicht mehr leben können oder wollen. Sie haben den Eindruck, dass ihnen alles zu fremd geworden ist. Sie haben verletzende Erfahrungen gemacht. Beruflich sind sie an eine Grenze gestoßen. Jetzt möchten sie neu anfangen. Und so fragen sie sich, wo sie sich niederlassen wollen. Die einen achten darauf, wo sie eine geeignete Arbeit finden. Andere spüren sich jedoch in die Gegend hinein, ob sie dort Heimat erleben könnten. Und sie beobachten die Menschen. Können sie mit diesem Menschenschlag heimisch werden? Die einen zieht es mehr nach dem Süden. Dort ist es für sie gemütlicher. Die Nähe zu den Bergen fasziniert sie. Andere haben den Eindruck, dass für sie der Norden stimmiger ist, weil sie sich von ihrer Herkunft her eher dem Norden verwandt fühlen. Viele werden aber gar nicht gefragt, wo sie hinziehen möchten. Sie werden beruflich einfach in eine bestimmte Gegend verschlagen. Dann müssen sie sich bemühen, dort, wo sie von außen her hinziehen mussten, auch heimisch zu werden. Das hängt davon ab, ob sie in ihrer Umgebung Freundschaft schließen können, mit den Nachbarn, mit den Arbeitskollegen oder mit den Menschen der Pfarrei oder mit den anderen Eltern, die wie sie ihre Kinder in den gleichen Kindergarten oder in dieselbe Schule schicken. Manchen gelingt es, an einem neuen Ort so etwas wie Heimat zu erfahren. Andere fühlen sich auch nach Jahren dort noch nicht daheim.

> *Wenn du dein Leben mit den verschiedenen Umzügen anschaust, wo hast du dich daheim gefühlt? Konntest du an allen Orten, an die dich dein Beruf verschlagen hat, Wurzeln schlagen und daheim sein? Hast du in dir die Fähigkeit, dich überall daheim zu fühlen, wo du Menschen triffst, mit denen du Freundschaft*

schließen kannst? Oder ist dein Freundeskreis für dich Heimat, der unabhängig von deinem Wohnort ist? Wenn du die verschiedenen Qualitäten deiner bisherigen Wohnorte betrachtest, was hat den Ausschlag gegeben, dass du dich daheim gefühlt hast? Sind es die Menschen, die Städte, die Landschaft oder die Ausstrahlung des Ortes? Was kannst du jetzt an deinem Wohnort tun, damit du dich beheimatet fühlst? Genügt dir dein Freundeskreis, sodass du gar kein Bedürfnis hast, dich dort einzuwurzeln? Oder ist in dir auch eine Sehnsucht, dich dort, wo du lebst, daheim zu fühlen? Wenn du nach all den Wohnungswechseln an den Ursprungsort denkst, von dem du ausgezogen bist, was verbindest du heute mit deiner ursprünglichen Heimat? Hat sie noch den Geschmack der Heimat oder ist sie einfach nur eine kurze Episode in deinem Leben? Und wenn sie den Geschmack der Heimat hat, was macht diesen Geschmack aus?

Heimat in der
virtuellen Gesellschaft

Heimat in der virtuellen Gesellschaft

Früher haben sich die jungen Menschen in ihrer Heimat daheim gefühlt. Sie sind in einem Ort aufgewachsen, mit dem sie sich identifizierten und auf den sie stolz waren. Das, was damals die Dorfgemeinschaft oder die Pfarrgemeinde war, in der sich junge Menschen beheimatet fühlten, wird heute mehr und mehr das Internet. Dort suchen sie nach einem Kreis, zu dem sie dazugehören.

Christina Schachtner, die über dieses Phänomen in »Psychologie heute« (Psychologie heute 2010/Heft 3, 30–34) geschrieben hat, fasst es in die kurze Formel: »Ich bin online, also bin ich«. Mit Hilfe der digitalen Medien können Jugendliche und junge Erwachsene »ihr eigenes Universum kreieren, jenseits einer Welt, in der sie oft kein Zuhause finden angesichts fehlender Ausbildungsplätze oder eines Wirtschaftssystems, das auf gnadenlosem Erfolgsdruck basiert« (Schachtner 32). Facebook oder Instagram sind für sie ein Ort, an dem sie sich selbst inszenieren und ihre eigene Identität finden. Selbstverwirklichung ist die große Sehnsucht von Jugendlichen. Sie wollen sich selbst finden, ihre Möglichkeiten entfalten, ihre eigene Identität entdecken und klären. Sie schaffen sich eine eigene Welt, in der sie sich zu Hause fühlen. »Ein neues Verständnis von Heimat zeichnet sich ab: Heimat ist nicht nur dort, wo man herkommt, sondern auch dort, wo man sich bewegt, wo die Freunde sind, wo man neue gewinnt« (Schachtner 32). Allerdings ist es immer nur eine Heimat auf Zeit. Denn junge Menschen lieben die lockeren und unverbindlichen Verbindungen. »Das soziale Zuhause ist verschiebbar geworden« (Schachtner 32). Dort diskutieren sie das, was sie bewegt und wonach sie sich sehnen. In den Diskussionsforen des Mädchennetzes LizzyNet wird vor allem über das Thema Selbstsuche gesprochen. »Dort geht es etwa um Liebe, Freundschaft, Sexualität, aber auch um Religion oder Philosophie« (Schachtner 32). In diesen Foren suchen Jugendliche das, was sie früher in der Heimat gefunden haben: Sicherheiten in dieser unsicheren Welt, Verstandenwerden, Geborgenheit, Freundschaft, Zugehörigkeit.

Für mich, der ich die ersten zehn Jahre immer am gleichen Ort gelebt habe und dort in dem Ort, in der Pfarrei, in der Landschaft, bei den Menschen Heimat erfahren habe, ist es nicht leicht, diese neue Sicht von Heimat zu verstehen. Sofort kommt in mir ein Vorurteil hoch: Das ist nur virtuelle Gemeinschaft. Das ist keine wirkliche Heimat, die trägt. Doch ein Gespräch mit Jugendlichen hat mich eines Besseren belehrt. Sie fühlen sich heute oft nicht mehr daheim in ihrem kleinen Dorf. Das ist zu eng für sie. Da finden sie nicht die richtigen Gesprächspartner. Oft ist es auch nicht die Schulklasse. Oft sucht man bewusst andere junge Menschen in anderen Städten, ja auch in anderen Ländern mit einer anderen Sprache, um sich mit ihnen auszutauschen. Da entsteht auf einmal eine Nähe, wie sie früher in der Jugendgruppe der Heimatpfarrei entstanden ist. Und im Internet können sie sogar religiöse Ideen äußern, die sie daheim kaum über die Lippen bringen, aus Angst, als frömmelnd hingestellt zu werden. Aber diese frommen Ideen entsprechen nicht immer der Dogmatik ihrer Herkunftsreligion. Die Jugendlichen bauen sich ihre eigene Religion.

Auf der einen Seite wollen sie unter sich sein. Auf der anderen Seite sehnen sie sich durchaus nach der Auseinandersetzung mit älteren Menschen. Daher ist das neue Heimatgefühl junger Menschen

Heimat in der virtuellen Gesellschaft

für uns Erwachsene – auch für mich als Mönch – und für die Seelsorger und Seelsorgerinnen der Kirchen eine Herausforderung, sie zu verstehen, aber auch, sie bei ihrer Suche nach Heimat zu begleiten.

Ein Religionslehrer erzählte mir, dass die eigentliche Angst der Schüler und Schülerinnen ist, das Netz ihrer Familie könnte zerreißen. In dieser Angst drückt sich ihre Sehnsucht nach Heimat aus. Sie möchten in der Familie daheim sein, einen sicheren Hafen haben, in den sie immer wieder zurückkehren können, eine Gemeinschaft, in der sie sich getragen, verstanden und geliebt wissen. Die Angst, dieses heimatstiftende Netz zu verlieren, treibt die jungen Menschen dazu, andere Netze aufzubauen, in denen sie sich getragen fühlen. Das ist für sie nicht nur die Clique im Dorf. Die ist manchmal zu eng und zu kleinkariert für sie. Oft ist es das virtuelle Netz, das die Jugendlichen selbst knüpfen, um vernetzt, um getragen zu sein, um gesehen und in ihrer Einzigartigkeit wahrgenommen zu werden.

Was bedeuten für dich deine virtuellen Kontakte? Was bedeutet dir der Austausch mit Menschen per E-Mail? Welche Qualität hat für dich das Telefonieren mit Menschen, die dir nahestehen? Oder schreibst du bewusst noch Briefe und pflegst das Briefschreiben als Ausdruck von Freundschaft und Nähe? Hast du ein virtuelles Netz, in dem du dich getragen fühlst? Was bedeuten dir die Menschen, mit denen du dich vertraut austauschst, obwohl du sie vielleicht noch gar nicht gesehen hast? Wie wächst da Vertrauen und wie entsteht da das Gefühl von Daheimsein in einer Gruppe?

Heimat und Zugehörigkeit
___

Heimat und Zugehörigkeit

Zugehörigkeit ist ein Grundbedürfnis junger Menschen heute. Wenn sie nicht zu einer Gruppe gehören, fühlen sie sich minderwertig. Zugehörigkeit gibt Sicherheit, gibt Geborgenheit. Wenn sich Jugendliche einer Gruppe zugehörig fühlen, wissen sie sich aufgefangen. Die große Not junger Menschen ist die Unsicherheit, ob die Familie trägt. Sie haben Angst, die Familie könnte zerbrechen. Dann trägt sie kein Netz mehr. Dann fängt sie niemand auf. Um dieser Angst zu entgehen, schaffen sie sich selbst Gruppen, zu denen sie sich zugehörig fühlen. Diese Gruppen sind Ersatz für die Familie, die sich immer mehr als brüchig erweist. Gerade in unserer offenen Welt, in der alle mit allen vernetzt sind, haben viele junge Menschen Angst, aus dem Netz zu fallen. Sie ahnen, dass das virtuelle Netz immer nur ein Netz auf Zeit ist und sie nicht auf Dauer trägt. Daher ist für viele Jugendliche neben dem virtuellen Netz die Zugehörigkeit zu einer konkreten Gruppe so wichtig. Wenn sie in dieser Gruppe anerkannt sind, wenn sie sich dazugehörig fühlen, dann fühlen sie sich sicher, dann entsteht so etwas wie Heimatgefühl.

Das Wort Zugehörigkeit kommt von Hören. Dort, wo ich gehört werde, wo man mir zuhört und wo ich selbst Worte höre, die mich berühren und bewegen, fühle ich mich zugehörig. Die Sehnsucht, gehört zu werden, wahrgenommen zu werden, sprechen zu dürfen, was ich denke, und dabei Ohren zu finden, die mir zuhören, die mich ernst nehmen, ist gerade bei Jugendlichen sehr groß. Sie haben oft das Gefühl, dass ihnen ihre Eltern nicht mehr zuhören. Sie sollen nur hören, was die Eltern sagen. Doch sie haben keine Lust, »hörig«

zu werden. Dort, wo junge Menschen in einer Gruppe aufeinander hören, entsteht nicht nur ein Gefühl von Zugehörigkeit, sondern auch von Zusammengehörigkeit. Man hört zusammen und gehört zusammen. Wem ich zuhöre, dem gehöre ich in diesem Augenblick, ohne ihm hörig zu werden. Das drückt die deutsche Sprache mit dem Wort »Gehorsam« aus. Im Dritten Reich ist dieser Begriff so missbraucht worden, dass wir uns heute schwer mit ihm tun. Ge-hor-sam hat drei Bestandteile: Das mittlere Wort horchen ist eine Verstärkung des Wortes hören. Ich horche genau hin. Es ist ein intensives Hören. Das Präfix »ge« drückt immer Gemeinschaft aus, Vereinigung, Zusammensein. Wenn ich gehorche, dann entsteht im Horchen eine Gemeinschaft mit dem, dem ich zuhöre. Das Präfix »ge« drückt dann das Ergebnis aus, wie etwa im Wort »Geschenk«. Im Gehorsam entsteht etwas Neues durch das Hören. Da kommt etwas in meinem Herzen an, was mein Herz verwandelt. Das Suffix »sam« bedeutet: mit etwas übereinstimmend, in eins zusammen sein. Wer gehorsam ist, der hört dem anderen so zu, dass er mit ihm übereinstimmt und mit ihm eins wird. Im wirklichen Hören werde ich eins mit dem Gehörten und mit dem, der zu mir spricht. Und ich werde eins mit mir selbst. Denn Gehorsam heißt immer auch: mir selbst zuhören, auf das hören, was mir meine Seele sagt. Wer sich selbst gehorsam ist, der ist eins mit seinem wahren Wesen, der gehört sich selbst und keinem andern Menschen.

Der Gehorsam anderen Menschen gegenüber ist keine Entfremdung von mir selbst, sondern der Weg, durch das Hören auf andere die eigentlichen Stimmen in meinem Innern zu vernehmen und so eins zu werden mit meinem wahren Wesen. Denn die Worte des

Heimat und Zugehörigkeit

anderen bringen mich in Berührung mit dem Urwort, das Gott bei meiner Geburt zu mir gesprochen hat.

Das englische Wort *belonging*, das wir heute oft für »Zugehörigkeit« benutzen, heißt »gehören, am richtigen Platz sein«. Es kommt vom Wort »*long* = lang«. *Long* kann aber auch »sich sehnen« bedeuten. Vielleicht kommt diese Bedeutung von »langen Lauten«, die ja immer auch sehnsuchtsvolle Laute sind, oder aber von der Länge der Sehnsucht. Die Sehnsucht streckt sich aus nach dem, was weit weg liegt. Vielleicht meint dieses *belonging* auch, dass man sich zu einer großen Gruppe zugehörig fühlt. Man ist bei der Gruppe, die nicht nur groß ist, sondern eine große Bedeutung hat. Indem ich dieser Gruppe zuhöre, gewinne ich an Bedeutung und Größe. Aber *belonging* meint noch etwas anderes: Ich fühle mich einer Gruppe zugehörig, die von der Sehnsucht nach Größerem geprägt ist, entweder von der Sehnsucht nach Gemeinschaft und Verstehen und Verstandenwerden oder aber auch von der Sehnsucht nach etwas, das diese Welt übersteigt, von der Sehnsucht nach Transzendenz, nach Gott. Selbst in einem Fanclub eines Fußballvereins steckt eine solche Sehnsucht. Es ist die Sehnsucht, zu gewinnen und nicht immer auf der Seite der Verlierer zu sein. Es ist die Sehnsucht nach Gelingen des Lebens, nach Glück. Jede Gruppe, der man sich zugehörig fühlt, ist immer auch eine Verheißung von mehr, eine Verheißung von Getragensein, Angenommensein und Sinnhaftigkeit des Lebens.

Der irische Schriftsteller und Theologe John O'Donohue hat bedenkenswerte Aussagen zum Thema Zugehörigkeit gemacht: »Unser Hunger nach Zugehörigkeit ist die Sehnsucht, die Distanz zwischen Isolation und Intimität zu überbrücken. Jeder sehnt sich nach Intimität und träumt von einem Nest der Zugehörigkeit, in dem er

Heimat und Zugehörigkeit

geborgen ist, in dem er erkannt und geliebt wird. In jedem von uns schreit etwas nach Zugehörigkeit. Wir können alles haben, was die Welt an Ansehen, Erfolg und Besitz zu bieten hat; doch ohne ein Gefühl der Zugehörigkeit erscheint alles leer und sinnlos. Wie der Baum, der tief in die Erde Wurzeln treibt, braucht jeder von uns den Anker der Zugehörigkeit, um den Sturmwinden nachgebend standhalten und zum Licht wachsen zu können. So wie der Ozean immer wieder zum selben Ufer zurückkehrt, schenkt uns ein Gefühl der Zugehörigkeit die innere Freiheit, dem Rhythmus von Verlust und Sehnsucht rückhaltlos zu vertrauen; es behütet uns außerdem vor der Einsamkeit des Lebens« (John O'Donohue, Landschaft der Seele, München 2000, 39). O'Donohue sieht also in der Sehnsucht nach Zugehörigkeit ein uraltes Bedürfnis des Menschen, das seiner Natur entspricht. Denn von seinem Wesen gehört er zur Natur. Und nur wenn er sich eins fühlt mit der Natur, kommt er an seine Kraft. Und von seinem Wesen her ist er ein soziales Wesen. Und nur wenn er sich eins fühlt mit der Gemeinschaft, kann er all die Fähigkeiten entfalten, die in ihm stecken, kann er wirklich aufblühen. Der Mensch braucht ein Umfeld, um aufblühen zu können.

Die Gefahr der Zugehörigkeit ist, dass man seine eigene Identität nur in der Gruppe findet, dass man leicht hörig wird und die eigene Person aus dem Blick verliert. Man passt sich an, um dazuzugehören. Man fühlt sich nur bedeutsam, wenn man in einer bedeutsamen Gruppe ist. So sind Jugendliche leicht anfällig, sich von Gruppen bestimmen zu lassen. Aber wir Erwachsene müssen die Sehnsucht der jungen Menschen nach Zugehörigkeit ernst nehmen und respektieren. So wie wir Älteren uns nach Heimat gesehnt haben, wenn wir in der Fremde waren, so sehnen sich Jugendliche nach Zugehörigkeit

Heimat und Zugehörigkeit

zu einer Gruppe. Beides hat Gefahren. Auch das Heimweh hat früher viele Menschen daran gehindert, den eigenen Weg zu gehen. Die Gefahr, die heute von der Sehnsucht nach Zugehörigkeit ausgeht, sehe ich vor allem darin, dass man sich Gruppen unterordnet, nur um dazuzugehören. Aber man hört nicht mehr auf sich selbst. Sekten oder sektiererische Gruppen nützen diese Abhängigkeit vom Gefühl der Zugehörigkeit vor allem bei instabilen jungen Menschen aus. Sie vermitteln den jungen Menschen Zugehörigkeit, aber um den Preis, dass sie sich ihnen völlig unterordnen und ihr selbstständiges Denken aufgeben müssen.

» *Wem fühlst du dich zugehörig? Ist es eine Gruppe und was löst die Gruppe in dir aus? Was macht das Gefühl von Zugehörigkeit aus? Welche Verheißung steckt in der Gruppe? Was vermittelt sie dir? Wem hörst du zu und wer hört dir zu? Hörst du dir auch selbst zu und gehörst du dir selbst? Oder bist du in Gefahr, anderen hörig zu werden, weil du nur auf sie hörst? Hörst du auch auf Gott und fühlst du dich Gott zugehörig? Wem gehörst du – dir selbst oder Gott oder einem bestimmten Menschen oder einer Gruppe? Macht dich deine Sehnsucht nach Zugehörigkeit abhängig von der Zustimmung anderer Menschen oder fühlst du dich frei in deiner Gruppe, fühlst du dich frei, auch wenn du sagst, dass du dem gehörst, den du liebst und der dich liebt? Versuche, deinem Gefühl von Zugehörigkeit auf den Grund zu kommen: Ist da nicht auch eine Ahnung von Zugehörigkeit nicht nur zu dieser Gruppe, sondern von Zugehörigkeit zu dieser Welt und zum Grund der Welt, der letztlich von Gottes Liebe durchdrungen ist?*

Heimat in der Bibel

Heimat in der Bibel

Die Bibel kennt unser deutsches Wort »Heimat« nicht. Aber das, was es meint, ist in der Bibel immer präsent. Im Alten Testament ist ständig die Rede vom Ausziehen aus der Heimat, vom Leben in der Fremde und von der Sehnsucht, wieder in die Heimat zurückzukehren. Die Heilsgeschichte beginnt damit, dass Abraham den Befehl Gottes erhält, auszuziehen aus seinem Land, aus seiner Verwandtschaft und aus seinem Vaterhaus. Er zog in das Land, das Gott ihm verheißen hat. Als er sich dort ausbreitete, wurde er der Stammvater eines großen Volkes. Doch dann kam eine Hungersnot über Israel. Die Söhne Jakobs hatten ihren jüngsten Sohn Joseph nach Ägypten verkauft. Dort war er zum Verwalter des Reiches aufgestiegen. Er überredete seine Brüder gemeinsam mit dem Vater nach Ägypten zu kommen. So lebte Israel 400 Jahre in der Fremde. Doch dann erging wieder der Ruf Gottes an Mose, das Volk Israel solle die Fremde verlassen und in das Land ziehen, das Gott dem Volk verheißen hatte: das Gelobte Land, in dem es selbst anbauen und die Früchte selbst ernten durfte. Es war die große Verheißung von Heimat. Und dieses Heimatland, das Gott selbst dem Volk geschenkt hat, ist Israel seither heilig.

Doch zugleich erinnert Gott das Volk immer wieder daran, dass es ein wanderndes Volk ist, ein heimatloses Volk, das lange in der Fremde lebte. Die Erinnerung daran soll sein Verhältnis zu heimatlosen Menschen prägen. Das Buch Deuteronomium lässt Israel das Glaubensbekenntnis sprechen: »Mein Vater war ein heimatloser Aramäer. Er zog nach Ägypten, lebte dort als Fremder mit wenigen Leuten und wurde dort zu einem großen, mächtigen und zahlreichen

Volk. Die Ägypter behandelten uns schlecht, machten uns rechtlos und legten uns harte Fronarbeit auf. Wir schrien zum Herrn, dem Gott unserer Väter, und der Herr hörte unser Schreien und sah unsere Rechtlosigkeit, unsere Arbeitslast und unsere Bedrängnis. Der Herr führte uns mit starker Hand und hoch erhobenem Arm, unter großem Schrecken, unter Zeichen und Wundern aus Ägypten, er brachte uns an diese Stätte und gab uns dieses Land, ein Land, in dem Milch und Honig fließen« (Deuteronomium / 5. Mose 26,5–9).

Die Erfahrung der Heimatlosigkeit soll das Volk dankbar machen für das Land, das Gott ihm geschenkt hat. Sie soll das Volk aber auch sensibel machen für Menschen, die als Fremde und Heimatlose mitten unter ihm wohnen. Daher gilt das Gebot der Gastfreundschaft Fremden gegenüber. In jedem Fremden und Heimatlosen sahen die Israeliten ein Bild für sich selbst. In ihrem Herzen erkannten sie, dass die Heimatlosigkeit ihrer Väter zu einem Wesensmerkmal ihrer Existenz geworden ist. Daher sahen sie sich selbst in jedem Fremden wie in einem Spiegel. Sie fühlten sich vor Gott verpflichtet, die Fremden freundlich zu behandeln. Weil Gott ihnen Heimat gab, waren sie bereit, Fremden Heimat zu gewähren.

Das, was wir mit dem Wort »Heimat« verbinden, fühlte Israel, wenn es an den Tempel Gottes dachte. Der Tempel wird »Haus des Herrn« genannt. Im Haus des Herrn fühlen sich die frommen Israeliten daheim. So singen sie im Psalm: »Wie liebenswert ist deine Wohnung, du Herr der Scharen! Meine Seele verzehrt sich in Sehnsucht nach den Höfen des Herren« (Psalm 84,2f). Zum Haus des Herrn zu ziehen, erfüllt die Israeliten mit Freude. Umso schmerzlicher ist es für sie in der Fremde der babylonischen Gefangenschaft, wenn sie an Zion, an den Tempel Gottes, an ihre wahre Heimat dachten: »An

Heimat in der Bibel

Babels Strömen saßen wir und weinten, da wir an Zion dachten. An die Weiden in jenem Land hängten wir unsere Harfen. Denn dort verlangten von uns die Zwingherren Lieder, unsere Peiniger forderten Jubel: ›Singt uns eins von den Liedern Zions!‹ Wie könnten wir singen die Lieder des Herrn fern, auf fremder Erde?« (Psalm 137,1–4).

Ein anderes Wort, das mit unserem Wort »Heimat« zusammenhängt, ist in der Bibel *patria*. Es ist eigentlich das Haus des Vaters, das Geschlecht des Vaters, die Familie des Vaters, der Raum, der vom Vater geschützt ist, der väterliche Bezirk. Die Griechen und Römer verbanden Heimat mit dem väterlichen Raum. Heimat war für sie dort, wo sie sich zum Vater zugehörig fühlten. Dieses Wort wird im Neuen Testament eher negativ verwendet, etwa wenn Jesus in der Synagoge von Nazareth zu seinen Mitbewohnern sagt, die ihn ablehnen: »Amen, das sage ich euch: Kein Prophet wird in seiner Heimat anerkannt« (Lukas 4,24). Heimat ist hier eher der enge Raum, aus dem Jesus selbst sich herausentwickelt und aus dem auch der Jünger Jesu ausbrechen muss, um dem Ruf Jesu zu folgen.

Jesus, den Lukas als göttlichen Wanderer schildert, der immer weiterwandert und sich an keinem Ort für immer niederlässt, verlangt auch von seinen Jüngern, dass sie in dieser Welt heimatlos bleiben. Einem Mann, der ihm nachfolgen wollte, sagte er: »Die Füchse haben ihre Höhlen und die Vögel ihre Nester; der Menschensohn aber hat keinen Ort, wo er sein Haupt hinlegen kann« (Lukas 9,58). Jesus zitiert hier ein Sprichwort, das auch die Griechen kennen. Im Gegensatz zu den Tieren, die umherstreifen und doch ihre Behausung haben, ist der Mensch letztlich unbehaust. Auch das Haus, das er sich baut, ist nicht sein wirkliches Zuhause. Solange er lebt in dieser Welt, lebt er als Fremdling. Er gehört nie ganz in diese Welt. Er hat seine Heimat in Gott. Die Heimat in Gott lässt ihn die irdische Heimatlosigkeit aushalten. Und sie hält ihn lebendig auf seinem Weg.

Der Evangelist Lukas lässt den göttlichen Wanderer sich immer wieder in die Einsamkeit zurückziehen, um im Gebet Heimat bei seinem Vater zu finden. Und von dieser inneren Heimat, von diesem Einssein mit dem Vater her kann er dann die Fremde unter den Menschen und ihre Anfeindungen aushalten, ohne aus seiner inneren Heimat gerissen zu werden.

Eine positive Bedeutung bekommt bei Johannes der Begriff *oikia tou patros mou*, das Haus meines Vaters. Jesus sagt bei seinen Abschiedsreden: »Im Haus meines Vaters gibt es viele Wohnungen. Wenn es nicht so wäre, hätte ich euch dann gesagt: Ich gehe, um einen Platz für euch vorzubereiten?« (Johannes 14,2). Dieses »Haus meines Vaters« ist die Heimat, die uns im Himmel erwartet. Sie wird von Jesus für uns vorbereitet, gleichsam ausgeschmückt mit seiner Liebe. Wir werden also in etwas Vertrautes hineinsterben, in das Haus des Vaters, in dem Jesus uns eine Wohnung bereitet hat, in dem wir zu Hause sind, in dem wir für immer Heimat erfahren werden.

Das Thema Heimat und Heimatlosigkeit bekommt in den Briefen des Apostels Paulus einen anderen Akzent. Paulus war in Ephesus ins Gefängnis geworfen worden. Er war durch Kleinasien gezogen und hatte die Frohe Botschaft von Jesus Christus verkündet. Er hat dabei Zustimmung erfahren, aber immer wieder auch Verfolgung. Wie er sich bei seinen Wanderungen als Apostel gefühlt hat, drückt er mit den Worten aus: »Bis zur Stunde hungern und dürsten wir, gehen in Lumpen, werden mit Fäusten geschlagen und sind heimatlos« (1. Korintherbrief 4,11). Paulus hat die Heimatlosigkeit im Dienst an der Frohen Botschaft auf sich genommen. Er ist freiwillig heimatlos geworden, um die Botschaft Jesu in alle Städte dieser Welt hineinzutragen. Die Heimat, die er in Jesus Christus gefunden hat, hat es ihm ermöglicht, seine äußere Heimat aufzugeben und heimatlos von der Heimat zu predigen, die wir in Christus finden.

Den Gipfel seiner Heimatlosigkeit erfuhr Paulus, als er in Ephesus zu Unrecht ins Gefängnis geworfen wurde. Doch selbst im Gefängnis verzagt er nicht. Er betet zwar darum, wieder frei zu werden, um weiterhin die Frohe Botschaft den Menschen verkünden zu können. Doch er ist auch zufrieden, wenn Gott es anders entscheidet. Denn dann weiß er, dass Sterben für ihn Gewinn sein wird. Im Sterben wird er zu Christus kommen, um immer bei ihm zu sein. In diesem festen Vertrauen schreibt er an die Christen in Philippi, denen er sich besonders verbunden fühlte: »Unsere Heimat aber ist im Himmel. Von dorther erwarten wir auch Jesus Christus, den Herrn, als Retter, der unseren armseligen Leib verwandeln wird in die Gestalt seines verherrlichten Leibes, in der Kraft, mit der er sich alles unterwerfen kann« (Philipperbrief 3,20). Paulus spricht hier von *politeuma*. Die Christen sind in dieser Welt und in ihren Städten nicht beheimatet. Ihre wahre Heimat ist im Himmel. Sie sind in dieser Welt *paroikoi*, das heißt: Fremdlinge ohne Bürgerrecht. Ihr Bürgerrecht ist im Himmel. Dort sind sie schon in dieser Welt daheim. Und weil sie im Himmel ihre Heimat haben, können sie ihre Fremdlingschaft hier auf Erden in innerer Freiheit und voll Zuversicht leben.

Diesen Gedanken hat der Hebräerbrief ausführlich entfaltet. Er versteht die christliche Gemeinde als das wandernde Gottesvolk. Sie wandern nicht auf eine irdische Stadt (*polis*), sondern auf das himmlische Jerusalem zu. Der Hebräerbrief nimmt die Patriarchen zum Vorbild, die bekannt haben, »dass sie Fremde und Gäste auf

Erden sind. Mit diesen Worten geben sie zu erkennen, dass sie eine Heimat suchen. Hätten sie dabei an die Heimat gedacht, aus der sie weggezogen waren, so wäre ihnen Zeit geblieben zurückzukehren; nun aber streben sie nach einer besseren Heimat, nämlich der himmlischen« (Hebräerbrief 11,13–16).

Diese himmlische Heimat ist nicht nur die Heimat, die uns nach dem Tod erwartet. Es ist vielmehr eine Heimat, an der wir hier auf Erden schon teilhaben. Denn Christus ist durch seinen Tod in das Allerheiligste eingezogen. Und dieses Allerheiligste ist letztlich in uns selbst. In uns ist ein Raum des Heiligen. Heilig ist das, was der Welt entzogen ist, worüber die Welt keine Macht hat. Aber das Heilige ist auch der Raum, in dem wir heil sind und ganz. Und es ist der Raum, in dem wir daheim sind. So verweist uns der Hebräerbrief nicht nur auf die Zukunft, sondern schon in dieser Welt auf den jenseitigen Ort des Allerheiligsten, der in uns selbst ist. In diesem Ort des Heiligen auf dem Grund unserer Seele sind wir mitten in der Fremde dieser Welt daheim.

> *Lies einmal laut den Psalm 122 vor und lass die Worte in dein Herz fallen. Koste sie mit deinem Herzen aus und spüre, was sie in dir hervorrufen:*

»Welche Freude, da man mir sagte:
Wir ziehen zum Haus des Herrn.
Schon stehen unsre Füße in deinen Toren, Jerusalem:
Jerusalem, als Stadt erbaut, die fest in sich gefügt ist.
Dort ziehen die Stämme hinauf,
die Stämme des Herrn,

Heimat in der Bibel

den Namen des Herrn zu preisen,
wie es Gebot ist für Israel.
Denn dort stehen Throne zum Gericht,
die Throne des Hauses David.
Erbittet für Jerusalem Frieden!
Geborgen seien, die dich lieben.
Friede sei in deinen Mauern,
Geborgenheit in deinen Häusern!
Wegen meiner Brüder und meiner Freunde
Will ich sagen: Friede sei mit dir!
Wegen des Hauses des Herrn, unsres Gottes,
will ich Glück erbitten für dich«.

Diese alten Worte können in dir die Sehnsucht nach der Heimat in Gott oder in seinem Tempel, in einer bestimmten Kirche, in der du wunderbare Gottesdienste gefeiert hast, hervorlocken. Trau dieser Sehnsucht! In der Sehnsucht nach Heimat ist schon Heimat.

Heimat bei sich selbst

Heimat bei sich selbst

Eine Frau hat nach einem persönlichen Schicksalsschlag versucht, an einem neuen Ort mit ihrer Arbeit anzufangen. Sie hatte die verantwortliche Aufgabe, andere Frauen in neue pädagogische Methoden einzuführen. In diese Arbeit hat sie sich ganz und gar gestürzt und darin auch viel Anerkennung gefunden. Letztlich hat sie in der Arbeit und im Umgang mit den Frauen Heimat gefunden. Doch dann erlebte sie, dass sie sich völlig verausgabt hatte. Sie geriet in eine Erschöpfungsdepression. Und sie hatte auf einmal das Gefühl, sie würde die Frauen mit ihrem Anliegen einer neuen Pädagogik gar nicht erreichen. Diese wollten nur Sicherheit und Bestätigung ihrer alten Methoden. Im Gespräch drückte die Frau es so aus: »Ich habe mich völlig verloren. Ich habe die Heimat in mir verloren. Ich weiß gar nicht mehr, wer ich bin, was mich trägt, was für mich Heimat ist. Ich bin heimatverloren«.

Diese Erfahrung haben heute viele auf ähnliche Weise gemacht. Sie hatten das Gefühl in ihrer Familie Heimat zu haben. Doch die Familie ging entzwei und sie haben ihre Heimat verloren. Andere haben ihre Arbeit verloren, die ihnen das Gefühl von Heimat vermittelt hat. Oder aber die Arbeit verlor ihre Kraft, ihnen Heimat zu schenken. Sie fühlen sich entfremdet, heimatlos, abgeschnitten vom inneren Grund. So ist es ein wichtiger seelsorglicher und therapeutischer Weg, die Menschen zu ihrer inneren Heimat zu führen. Die Frage ist, wie die erwähnte Frau wieder ihre Heimat finden kann. Sicher geht der Weg nicht zurück, indem ihr die Arbeit wieder Beheimatung schenkt. Sie muss offensichtlich tiefer in ihr eigenes Herz schauen, um in sich Heimat zu erfahren. Sie muss mit den eigenen Wurzeln in Berührung kommen, mit den Wurzeln ihres Glaubens und mit den Wurzeln, aus denen ihr Leben sich nährt. Sie braucht die Erfahrung, eingebettet zu sein in eine Geschichte.

So wäre es gut, die Glaubens- und Lebensgeschichte ihrer Eltern, Großeltern und Urgroßeltern zu studieren: Welche Rituale meiner Vorfahren haben mich in der Kindheit angesprochen? Was haben mir meine Eltern und Großeltern an Erfahrungen und Einsichten mitgegeben? Was hat mich in meiner Kindheit getragen? Wie komme ich heute wieder in Berührung mit dieser Erfahrung des Getragenseins? Die Frau sollte nicht an irgendwelchen Orten ihre Heimat suchen, sondern in ihrem eigenen Herzen. Sie sollte mit all dem in Berührung kommen, was ihr in ihrer Seele das Gefühl gibt, ganz sie selbst zu sein, bei sich daheim zu sein, getragen zu sein von einem Strom des Lebens und der Liebe.

Viele Menschen können bei sich selbst nicht daheim sein. Daher sehnen sie sich nach Zugehörigkeit zu einer Gruppe, die ihnen ein Gefühl von Heimat gibt. Die geistliche Tradition hat immer wieder betont, wie wichtig es sei, bei sich selbst daheim zu sein, es bei sich auszuhalten. Benedikt von Nursia spricht von *stabilitas*, die seine Mönche geloben sollen. Sie sollen in einer festen Gemeinschaft bleiben und womöglich auch immer am gleichen Ort, um sich dort einzuwurzeln. Benedikt hat die Gefahr der herumstreunenden Mönche gekannt, die von einem Kloster zum anderen gingen, aber keine innere Form bekamen. Er nennt sie »Gyrovagen«. »Ihr Leben lang ziehen sie landauf, landab und lassen sich für drei oder vier Tage in verschiedenen Klöstern beherbergen. Immer unterwegs, nie beständig (*stabiles*), sind sie Sklaven der Launen ihres Eigenwillens und der

Heimat bei sich selbst

Gelüste ihres Gaumens« (Regel Benedikts 1,10f). Die *Stabilitas* führt dazu, dass sich der Baum einwurzeln kann. Benedikt übernimmt dabei eine ältere Tradition, die davon spricht, dass es der Mönch bei sich selbst aushalten soll. Die Wüstenväter raten den Mönchen, die innerlich unruhig sind und weder zur Arbeit noch zum Gebet Lust haben, ja die unfähig sind, im Augenblick zu sein, sie sollten in ihrem Kellion, ihrer Klosterzelle bleiben. Sie brauchen gar nicht fromm zu sein. Nur sollten sie es aushalten, in ihrem Kellion zu bleiben. Sie sollen – wie ein Mönch es ausdrückt – ihren Leib nicht aus dem Kellion werfen. Das bringt die Menschen zu sich selbst. Blaise Pascal hat das im 17. Jahrhundert so formuliert: »Das Unglück des modernen Menschen besteht darin, dass er nicht mehr allein in seinem Zimmer bleiben kann«. Pascal hat damit nicht nur den Menschen des 17. Jahrhunderts, sondern auch den unserer Zeit beschrieben.

Die Frage ist, wie ich bei mir daheim sein kann. Eine erste Bedingung besteht darin, dass ich mich und meine Wahrheit aushalte. Das gelingt mir aber nur, wenn ich meine Wahrheit anschauen und annehmen kann, ohne mich zu bewerten. Jesus sagt: »Die Wahrheit wird euch frei machen« (Johannes 8,30). Wer Angst vor seiner Wahrheit hat, kann nicht bei sich bleiben. Er muss immer vor sich selbst davonlaufen. Er kommt nie zur Ruhe. Er sehnt sich nach Heimat, findet sie aber nie, weil er immer auf der Flucht ist vor sich selbst. Ohne Wahrheit gibt es keine Heimat. Ohne Wahrheit würde Heimat nur zu einem Einlullen in irgendwelchen infantilen Gefühlen, aber nicht zu dem Ort, an dem ich heute daheim sein kann. Die Angst vor der eigenen Wahrheit rührt oft daher, dass wir bestimmte Idealbilder von uns haben, die durch die Wahrheit als Illusionen entlarvt würden. Und keiner will sich so gerne seine Illusionen nehmen lassen.

Heimat bei sich selbst

Die zweite Bedingung, bei sich selbst daheim zu sein, besteht in der Offenheit für das Geheimnis. Wenn ich in mich hineinschaue und nur auf meine Fehler und Schwächen stoße, muss ich vor mir davonlaufen. Denn dann wird es irgendwann langweilig mit mir selbst. Wenn ich aber glaube, dass Gott, das Geheimnis, in mir wohnt, dann kann ich auch bei mir daheim sein. Daheim sein kann man nur, wo das Geheimnis wohnt. Das hat Clemens Schmeing, der ehemalige Abt der Benediktinerabtei Gerleve, in der Besprechung von Ernst Wiecherts Erzählung »Der ewige Stern« schön beschrieben: Da kommt ein junger Soldat unverwundet nach vier Jahren Krieg nach Hause. Aber er fühlt sich nicht daheim. Alles ist ihm fremd, weil das Ewige, das Unveränderliche, weil Gott fehlt. Der Krieg hat Gott aus den Häusern fortgenommen. So sind sie leer, keine Heimat mehr. Am ersten Adventssonntag steht der Heimkehrer früh auf und geht durch das Haus. Aber kein Adventskranz ist da. Man hat das Ewige, man hat Christus vergessen. Nur bei der Großmutter findet er den roten Stern, der leuchtet, und den Adventskranz. Er möchte am liebsten fortgehen aus dem Haus, das ihm keine Heimat mehr bietet. Aber die Großmutter sagt ihm liebevoll: »Man darf nicht fortgehen, mein Kind, solange man nicht weiß, ob nicht ein Kind unter den Menschenkindern nach einem Stern verlangt«.

Daheim sein kann ich nur dort, wo sich noch jemand nach dem Stern sehnt. Aber es liegt auch an mir, daran zu glauben, dass sich dort, wo ich wohne, jemand nach dem Geheimnis sehnt. Und ich kann bei mir selbst nur daheim sein, wenn ich in mir die Sehnsucht nach dem Stern, die Sehnsucht nach Gott wachhalte. »Der Mensch«, so schreibt Clemens Schmeing, »ist letztlich nur daheim im Geheimnis Gottes« (Clemens Schmeing, Der Mensch zwischen unterwegs und

Heimat bei sich selbst

zu Hause. Schöpferische Polaritäten im Sinne Benedikts, in: Erbe und Auftrag, 56, Beuron 1980, 472). Nur wenn ich daran glaube, dass das Geheimnis Gottes in mir ist, kann ich bei mir daheim sein. Wenn ich beim Blick in mich hinein nur auf meine kranken Lebensmuster stoße, muss ich vor mir davonlaufen. Ich kann es nur bei mir aushalten, weil Gott selbst, der ewige und unergründliche Gott, es bei mir und in mir aushält. Ich kann in mir wohnen, weil Gott selbst Wohnung in mir genommen hat, wie es uns Jesus im Johannesevangelium verheißen hat: »Wir werden zu ihm kommen und bei ihm wohnen« (Johannes 14,23).

Das sind die Bedingungen, um bei mir daheim sein zu können. Aber wie komme ich dazu, bei mir daheim zu sein? Es gibt verschiedene Wege dazu: Ein Weg ist die Stille. Ich bleibe stehen. Ich setze mich hin und versuche, die Stille um mich herum und die Stille in mir wahrzunehmen. Ich spüre mich selbst in der Stille. Und ich stelle mir vor, dass mich Gottes heilende und liebende Gegenwart einhüllt. Entscheidend ist, dass ich mich in der Stille nicht bewerte. Es werden in der Stille alle möglichen Gedanken und Gefühle hochsteigen. Aber wenn ich sie anschaue und mir vorstelle, dass unterhalb all dieser Gedanken und Gefühle Gott selbst in mir wohnt, dann kann ich auch in mir selbst wohnen. Und ich kann mir vorstellen, dass unterhalb der lärmenden Gedanken in mir selbst ein Raum der Stille ist. Ich muss diesen Raum nicht schaffen. Er ist in mir. Ich kann in ihn eintauchen.

Ein anderer Weg ist, stille Räume aufzusuchen. Es gibt Kirchen, die gebaute Stille sind. Es gibt in der Natur Orte der Stille. Wenn ich mich an solche Orte setze und auf die Stille um mich herum horche, dann fühle ich mich auch daheim. Dann bin ich umgeben von

Heimat bei sich selbst

heilsamer Stille. Und diese Stille ist ein wesentliches Merkmal von Heimat. Wenn Menschen, die in der Fremde waren, nach langer Zeit heimkehrten, gingen sie bewusst in die Stille, um das Heimatgefühl zu erahnen. Eichendorff hat ein wunderbares Gedicht über die Stille geschrieben. Darin heißt es:

> *Es weiß und rät es doch keiner,*
> *Wie mir so wohl ist, so wohl!*
> *Ach, wüsst es nur einer, nur einer,*
> *Kein Mensch es sonst wissen soll!*
>
> *So still ist's nicht draußen im Schnee,*
> *So stumm und verschwiegen sind*
> *Die Sterne nicht in der Höh,*
> *Als meine Gedanken sind.*
>
> JOSEPH FREIHERR VON EICHENDORFF

In der Stille der Natur, in der Stille des Elternhauses erahnt man die Heimat um sich herum. Wenn ich die äußere Stille genießen kann, komme ich auch mit meiner inneren Stille in Berührung. Und dann kann ich es bei mir aushalten. Dann bin ich nicht nur an diesem Ort daheim, sondern in mir selbst. Wer aber bei sich selbst daheim ist, von dem geht eine Ausstrahlung aus, die es auch anderen ermöglicht, in seiner Nähe sich daheim zu fühlen. Und wer bei sich selbst daheim ist, ist überall daheim. Ganz gleich, in welchem Land er sich gerade aufhält, wenn er sich still hinsetzt und in sich hineinhorcht, spürt er die Heimat in sich selbst. Er weiß, dass er in der Tiefe seiner Seele nicht allein ist, sondern dass Christus selbst in ihm wohnt, dass Gottes Liebe ihn erfüllt. Und die Gegenwart Christi in seinem Herzen lässt ihn überall daheim sein. Der russische Pilger, der ununterbrochen das Jesusgebet im Rhythmus seines Atems betete, fühlte sich auf seinen Wanderungen überall daheim. Die Beziehung zu Jesus Christus, die im Jesusgebet immer wieder erfahrbar wurde, wurde ihm zur Heimat.

In der evangelischen Theologie war es vor allem Friedrich Schleiermacher, der die Religion als Heimat des einzelnen Menschen verstanden hat. Er meint, in aller Suche nach Religion enthülle sich »die fromme Sehnsucht des Fremdlings nach seiner Heimat« (Kreß, TRE 14, 779). Und Schleiermacher lädt seine Leser ein, sich in der christlichen Religion beheimatet zu fühlen.

Der Philosoph Georg Wilhelm Friedrich Hegel sieht dagegen nicht in der Religion, sondern in der Philosophie einen Weg zur Beheimatung. Er versteht Philosophie als: »bei sich zu Hause zu seyn, – dass der Mensch in seinem Geiste zu Hause sey, heimathlich bei sich« (Kreß, TRE 14, 779).

Der romantische Dichter und Philosoph Novalis bringt die Philosophie auch mit der Sehnsucht nach Heimat zusammen, allerdings nicht mit der Sehnsucht, bei sich selbst zu Hause zu sein, sondern überall. Das Denken lässt mich überall daheim sein: »Die Philosophie ist eigentlich Heimweh-Trieb, überall zu Hause zu sein«. Wenn ich über die Welt denke, wenn ich im Denken das Eigentliche entdecke, dann bin ich überall zu Hause. Dort wo mir im Denken das Geheimnis aufgeht, entsteht Heimat.

Bei sich selbst daheim zu sein, ist nicht nur eine spirituelle oder philosophische Aufgabe, sondern hat auch eine therapeutische Wirkung. Daher empfehlen vor allem transpersonale Psychologen, den

Weg zur inneren Heimat zu gehen. James Bugental, ein Vertreter der transpersonalen Psychologie, sieht die Ursache vieler psychischer Krankheiten in der Entfremdung von der inneren Heimat: »Meine eigene Erfahrung und die Erfahrung derer, die ich als Therapeut begleite, überzeugt mich davon, dass ein großer Teil unserer Sorgen und Nöte darauf zurückzuführen ist, dass wir als Verbannte leben, verbannt aus unserer Heimat, der inneren Welt unserer subjektiven Erfahrung«. (James Bugental, Stufen therapeutischer Entwicklung, in: Psychologie in der Wende, hg. von Roger N. Walsh und Frances Vaughan, München 1985, 216). Bugental meint, die wahre Heimat sei unsere innere Erfahrung, also die Erfahrung des Seelengrundes, von dem der deutsche Mystiker Johannes Tauler sprach. Das Ziel der Psychotherapie ist es, uns in diese innere Heimat zu führen. »Unsere Heimat liegt innen, und dort sind wir souverän. Solange wir diese uralte Wahrheit nicht neu entdecken, und zwar jeder für sich und auf seine Weise, sind wir dazu verdammt, umherzuirren und Trost dort zu suchen, wo es keinen gibt – in der Außenwelt« (Bugental 217).

Der Weg zur inneren Heimat ist daher heilsam für unsere Seele und für unseren Leib. Wir hören auf, die Lösung unserer Probleme von anderen Menschen zu erwarten oder von irgendwelchen Medikamenten oder psychologischen Methoden. Die wahre Lösung liegt in uns. Wenn wir mit der inneren Heimat in Berührung kommen, entdecken wir, dass in uns bereits ein Raum ist, in dem wir heil und ganz sind. Dort kann uns niemand verletzen. Und auch die tiefsten Verletzungen – etwa die beim sexuellen Missbrauch – können diesen inneren heilen Kern nicht verletzen oder beschädigen.

So ist der Weg zur inneren Heimat, zu unserem Seelengrund, zu dem Allerheiligsten in uns, von dem der Hebräerbrief spricht, ein heilender Weg. Er tut uns gut. Er zeigt uns, dass wir trotz unserer neurotischen Lebensmuster etwas Heiles in uns tragen. Dort, wo wir bei uns daheim sind, haben die neurotischen Lebensmuster keine Macht. Sie werden uns zwar wieder erfassen, wenn wir uns der Außenwelt zuwenden. Aber wir wissen, dass es nur einen Augenblick der Stille bedarf, um aus der Welt der Probleme in die innere Heimat zu gelangen, in der wir behütet und beschützt sind vor allem, was uns bedroht, in der wir bei uns daheim sein können, im Einklang mit unserem wahren Wesen. Die Erfahrung der inneren Heimat befreit uns nicht von den Problemen, die uns in der Außenwelt bedrängen, aber sie relativiert die Probleme. Wir können immer wieder aus der Fremde in die Heimat zurückkehren, aus der Entfremdung in das eigene Haus unserer Seele.

Wie die Entfremdung und die Heimkehr zu sich selbst aussehen kann, hat Papst Gregor der Große am Beispiel Benedikts von Nursia gezeigt. Benedikt hatte in der Einsamkeit einer Höhle gewohnt, als die Mönche von Vicovaro ihn zu ihrem Abt machten. Doch bei dieser Aufgabe ist Benedikt gescheitert. So »kehrte er in seine geliebte Einsamkeit zurück und wohnte ganz in sich selbst – allein – im Angesicht Gottes« (Gregor der Große, Der Heilige Benedikt, Buch II der Dialoge, St. Ottilien 1995, 50). Und Gregor der Große versucht seinem Dialogpartner Petrus zu erklären, wie Benedikt, der doch in der Höhle schon bei sich wohnte, doch so leicht aus seiner inneren Heimat herausgerissen werden konnte: »Jedes Mal wenn wir durch gedankliche Beanspruchung allzu sehr außer uns geraten, bleiben wir zwar noch wir selbst, aber wir sind nicht mehr bei uns selbst, weil unsere Aufmerksamkeit abgelenkt ist und wir uns selbst aus dem Auge verloren haben« (Gregor der Große 50).

Heimat bei sich selbst

Wir kennen diese Erfahrung, dass wir uns selbst aus dem Auge verlieren, dass wir die Beziehung zu uns selbst verlieren, wenn wir von äußeren Problemen ganz und gar bestimmt werden. Bei uns daheim sind wir nur, wenn wir auf die Regungen unserer eigenen Seele achten, wenn wir bei allem, was wir tun, achtsam sind, in Beziehung zu unserem wahren Selbst. So beschreibt es Gregor von Benedikt: »Unser heiliger Mann wohnte ganz in sich selbst, weil er allezeit wachsam auf sich achtete, sich selbst allezeit unter den Augen des Schöpfers sah, sich allezeit prüfte und sein inneres Auge nicht außerhalb seiner umherschweifen ließ« (Gregor der Große 50).

Wer bei allem, was er tut, auf die anderen sieht, auf ihre Reaktionen und Meinungen, ist nicht bei sich selbst. Er wird von anderen bestimmt. Bei sich daheim sein heißt letztlich, bei allem, was ich tue, in Beziehung zu mir selbst sein, in Berührung mit meinem innersten Selbst. Dann werde ich durch das, was ich nach außen tue, nicht von mir entfremdet. Und wenn ich bei mir wohne, dann kann ich – wie es Benedikt schließlich getan hat – auch für andere zur Heimat werden. Dann wird um mich herum ein Raum entstehen, in dem andere Menschen zu Hause sind. Was von einem Menschen ausgeht, der bei sich selbst daheim ist, hat Hermann Hesse so ausgedrückt: »Heimat in sich haben. Wie wäre da das Leben anders! Es hätte eine Mitte, und von der Mitte aus schwängen alle Kräfte« (Hermann Hesse, Wanderung, Aufzeichnungen mit farbigen Bildern vom Verfasser, Frankfurt 1986, 125f). Auf der einen Seite hat Hesse die Sehnsucht, »dass ich Heimat in mir habe« (Hesse 125). Auf der anderen Seite weiß er auch um die Gefahr äußerer Heimat. Er hatte ja schon einmal ein Haus und Familie und äußere Heimat. Aber er spürte sich als Dichter, der Sattsein nicht ertragen konnte: »Kein

Heimat bei sich selbst

erreichtes Ziel war ein Ziel, jeder Weg war ein Umweg, jede Rast gebar neue Sehnsucht« (Hesse 127).

So darf auch das Daheimsein bei sich selbst nicht zur Erstarrung werden, sondern soll uns in die Mitte führen, von der aus dann die Kraft nach außen strömt. Hesse weiß, dass er kein Heimweh empfinden müsste, wenn er bei sich selbst daheim wäre. Doch er muss bekennen, dass er Heimweh hat: »Ich will mein Heimweh kosten, wie ich meine Freuden koste« (Hesse 12).

> Du kannst bei dir nur dann zu Hause sein, wenn du alles, was sich in deinem Lebenshaus vorfindet, anschaust, es sein lässt und Gott hinhältst; wenn du aufhörst, deine eigenen Gefühle und Überlegungen zu bewerten. Lass einfach in dir hochsteigen, was hochsteigen möchte an Gedanken und Gefühlen, an Ängsten und Sorgen. Lass all das zu, was sich in deiner Seele regt. Aber dann gehe weiter in die Tiefe. Stelle dir vor, dass unterhalb deiner Sorgen und Ängste, unterhalb deiner Enttäuschungen und Bitterkeiten ein Raum der Stille ist, in dem du bei dir selbst daheim sein kannst. Dort, wo du bei dir selbst daheim bist, ist auch Gott in dir. Da ist das Reich Gottes in dir. Da herrscht Gott in dir und nicht dein Ego. Und dort, wo Gott in dir herrscht, bist du frei von der Macht der Menschen, von ihren Erwartungen und Ansprüchen, von ihren Urteilen und Verurteilungen. Dort bist du heil und ganz. Dort kann dich niemand verletzen, auch nicht die Enttäuschungen und die tiefste Verletzung des Missbrauchs. Dort bist du ursprünglich und authentisch. Dort kommst du in Berührung mit dem ursprünglichen Bild, das Gott sich von dir gemacht hat. Dort bist du rein und klar. Die Schuld

kann diesen innersten Kern nicht zerfressen. Und dort, wo das Geheimnis Gottes in dir wohnt, kannst du bei dir selbst daheim sein. Du wirst dieses Daheimsein nicht immer spüren. Aber wenn du der Vorstellung folgst, die ich dir vorgeschlagen habe, wirst du erahnen, was es heißt: bei mir daheim zu sein. Aus dieser inneren Heimat können mich die Sorgen und Probleme und auch die äußere oder innere Heimatlosigkeit nicht vertreiben.

Eine geistliche Heimat haben

Eine geistliche Heimat haben

Der evangelische Theologe Hartmut Kreß betont in seinem Artikel über Heimat, dass der religiösen Beheimatung des Menschen in Zukunft eine neue Bedeutung zukommen wird. Viele Menschen suchen in den christlichen Kirchen Beheimatung. Schon Anfang des 19. Jahrhunderts hat der romantische Philosoph und protestantische Theologe Friedrich Schleiermacher die Suche nach Religion mit der Suche des Menschen nach seiner Heimat in Beziehung gebracht. Heute suchen die Menschen überall religiöse Beheimatung, in esoterischen Zirkeln, in neuen religiösen Bewegungen. Die traditionellen Kirchen, vor allem die Volkskirchen, können dies dagegen für immer weniger Menschen bieten. Gerade deshalb ist es die Aufgabe der christlichen Kirchen, auf die Sehnsucht nach religiöser Beheimatung zu antworten.

Was lässt einen katholischen oder einen evangelischen Christen in seiner Kirche Heimat finden? Jeder Christ verbindet religiöse Heimat mit anderen Assoziationen und Sehnsüchten. Für viele waren in ihrer Kindheit Heimat und Kirche eng verbunden. Die Kirche war das Zentrum des Dorfes, in dem sie aufgewachsen sind. Im gemeinsamen Kirchgang und in den vielen Ritualen und Festen, die man miteinander feierte, entstand eine tiefe Gemeinschaft. Diese Gemeinschaft war getragen von Gott. Das Numinose, das man dabei erlebte, verband die Menschen auf einer tieferen Ebene als die Gefühle. Es war das Gefühl, dass man gemeinsam von Gott getragen war, dass man gemeinsam auf Gott schaute, der dem Leben der Gemeinschaft einen Sinn gab. Die Kirche mit ihren vertrauten Ritualen schuf ein eigenartiges Gefühl von Heimat. Es war die Beheimatung in etwas

Vertrautem, das zugleich dem Zugriff des Einzelnen entzogen war. Es war die Ahnung, dass das Geheimnis Gottes den Menschen Heimat schenkte, dass das Leben getragen war von Gottes guter Hand.

In Gesprächen mit katholischen Priestern und evangelischen Pastoren frage ich immer nach der Berufungsgeschichte. Wie kamen sie auf die Idee, Priester oder Pastor beziehungsweise Pastorin zu werden? Viele erzählen, dass sie von Kindheit an die Kirche als Heimat erlebt haben. Sie waren als Kinder Ministranten und dann als Jugendliche Gruppenleiter. Sie spielten im Posaunenchor und machten bei den Zeltlagern mit. Sie waren so in der Kirche beheimatet, dass in ihnen der Wunsch immer stärker wurde, sich auch in dieser Kirche und für die Menschen zu engagieren. Heute sind es oft ganz andere Gründe, warum Männer oder Frauen den geistlichen Beruf für sich wählen. Doch früher war die Beheimatung in der Kirche ein Hauptgrund.

Heute beklagen sich viele Menschen, dass sie sich in der Kirche nicht mehr beheimatet fühlen. In der katholischen Kirche gibt es diejenigen, die dem alten Ritus nachtrauern, den lateinischen Stufengebeten, die man als Ministrant auswendig lernen musste, obwohl man kaum Latein verstand. In der evangelischen Kirche trauern viele den vertrauten Gottesdiensten und Chorälen nach. Man verbindet Kirche mit der Vergangenheit und sehnt sich danach, sich einfach wie früher von ihr getragen zu fühlen. Das sind die konservativen Christen, die sich nicht mehr in der Kirche von heute beheimatet fühlen, weil diese viele ihrer alten Riten über Bord geworfen hat. Die Kirche ist ihnen zu modern geworden, manchmal auch zu kalt. Sie verbinden mit Kirche das, was sie gewohnt waren. Auch wenn das, was sie als Kind in der Kirche erlebt haben, nicht immer nur positiv war, haben sie es doch oft verklärt. Sie sehnen sich nach dem Gefühl

Eine geistliche Heimat haben

von Heimat und Geborgenheit, das die alte Form der Gottesdienste in ihnen hervorrief. So begrüßte mich bei einer Talkshow der frühere Manager von Bayer Leverkusen, Reiner Calmund, mit den Worten des lateinischen Stufengebetes, das er als Ministrant auswendig aufsagen musste: »*Introibo ad altare Dei. Ad Deum, qui laetificat juventutem meam.* – Zum Altare Gottes will ich treten. Zu Gott, der mich erfreut von Jugend auf«. Offensichtlich erinnerten ihn diese Worte an seine Ministrantenzeit, die er im Nachhinein verklärte als Zeit, in der er noch fromm war und sich noch in der Kirche beheimatet fühlte.

Dann gibt es viele Christen, die ihre Heimat in der Kirche verloren haben, weil diese ihnen fremd geworden ist. Sie haben das Gefühl, dass das, was im Gottesdienst gefeiert wird, an ihnen vorbeigeht. Sie fühlen sich nicht angesprochen. Die Probleme, die in den Sitzungen der Kirchengemeinde besprochen werden, kommen ihnen kleinkariert vor. So findet man keine Heimat in der Kirche, weil diese nicht auf der Höhe der Zeit ist. Gerade in unserer Zeit, da die Kirche wegen der Missbrauchsfälle, die ihren moralischen Anspruch in Frage stellen, in die Schlagzeilen geraten ist, wenden ihr viele Menschen den Rücken zu. Sie sind verunsichert. Sie reiben sich an der Menschlichkeit der Priester und Bischöfe. Sie reiben sich daran, dass sie selbst die Kirche nicht mitgestalten können. Sie haben die Beziehung zu ihr verloren.

In der evangelischen Kirche erlebe ich oft die Diskrepanz der Gottesdienstbesucher und der Theologie des Pastors. Die Gottesdienstbesucher möchten gerne Erbauung, eine Predigt, die zu Herzen geht. Der Pastor betont die soziale Verantwortung der Christen. Das widerspricht oft der Sehnsucht der Zuhörerinnen und Zuhörer. Sie fühlen sich nicht mehr daheim in ihrer Kirche. Es ist ihnen zu viel

Beunruhigung. Sie möchten Bestätigung und nicht Verunsicherung. Es ist nicht einfach, die Sehnsucht der Menschen ernst zu nehmen und zugleich sich dem Wort Jesu verpflichtet zu fühlen, der ja die Menschen nicht einfach nur bestätigt, sondern auch herausgefordert hat.

Bei denen, die in der Kirche bleiben, steigt die Sehnsucht nach Beheimatung in ihr. Es ist wichtig, diese Sehnsucht ernst zu nehmen und diejenigen, die diese Sehnsucht spüren, nicht gleich in die konservative Ecke zu stellen. Es ist nicht nur die Sehnsucht, in einer weltoffenen Gemeinschaft ein Zuhause zu finden, sondern in der Kirche, ihren Gottesdiensten und Festen hineingenommen zu sein in das Schicksal Jesu Christi, in allen Lebenssituationen angesprochen zu werden von Worten Jesu, vom Geheimnis seines Lebens, Sterbens und Auferstehens. Es ist die Sehnsucht, mitten in einer Welt, in der sich alles täglich verändert, Anteil zu haben an etwas, das Bestand hat, das trägt; hineingenommen zu werden in den Rhythmus des Kirchenjahres. Allein jedes Jahr im gleichen Rhythmus der Feste und Festzeiten zu feiern, gibt vielen Menschen das Gefühl von Heimat. Mitten in den Änderungen gibt es etwas, das bleibt, etwas, was jährlich wiederholt wird. So fühlen sich die Menschen eingebettet in den Rhythmus der Natur und in den inneren Rhythmus der Seele, der in den Festen des Kirchenjahres zum Ausdruck kommt.

Die einen fühlen sich in der Kirche als solcher beheimatet, in der katholischen Kirche, in der evangelischen Landeskirche, in der Freikirche. Andere suchen sich innerhalb der Kirche einen Ort, an dem sie sich daheim fühlen. Viele Gäste, die regelmäßig zu uns in die Abtei kommen, sagen, diese sei für sie spirituelle Heimat. In der evangelischen Kirche sind oft Bildungshäuser oder Häuser der Stille

Eine geistliche Heimat haben

für viele zu einem Ort geistlicher Beheimatung geworden. Offensichtlich braucht es innerhalb der Volkskirchen konkrete Orte und Gemeinschaften, in die man eintauchen möchte und in denen man sich geistlich verstanden fühlt und sich gerne deren Spiritualität anschließt.

Die Pfarrer und Seelsorgerinnen, die Männer und Frauen, die sich in der Kirchengemeinde engagieren, haben den Auftrag, auf die Sehnsucht der Menschen nach Beheimatung zu antworten. Aber sie wissen oft nicht, wie sie den Spagat hinbekommen sollen, die verschiedenen Wünsche der Menschen zu befriedigen. Die einen wollen die Kirche, wie sie früher war, die anderen wollen eine weltoffene Kirche. Die einen wollen die Kirche als Kuschelecke, die anderen betonen ihre prophetische und gesellschaftskritische Funktion. Die Seelsorger müssen auf die Sehnsüchte aller Menschen in ihrer Gemeinde hören, ohne sie zu bewerten. Indem ich auf die Sehnsucht der Menschen höre, komme ich mit meiner eigenen Sehnsucht in Berührung. Dann kann ich mich fragen: Was ist für mich eine Antwort, die mich trägt? Wie kann ich die Worte der Bibel so verkünden, dass sie auf meine Sehnsucht antworten? Und wie kann ich heute die alten Rituale so feiern, dass meine tiefste Sehnsucht nach Heimat angesprochen wird?

Die Kirchen haben heute in einer Welt zunehmender Mobilität und Migration, zunehmender Anonymität und Vereinzelung, die Aufgabe, den Menschen einen Ort anzubieten, an dem sie miteinander Gemeinschaft und Heimat erfahren dürfen. Das war ja auch die tiefe spirituelle Erfahrung, die die frühe Kirche gemacht hat. Für Lukas ist das Zeichen, dass das Reich Gottes wirklich gekommen ist, die Tatsache, dass Juden und Heiden, dass Männer und Frauen, Arme und Reiche, Junge und Alte miteinander eine Gemeinschaft in Jesus Christus bildeten. Lukas schreibt von der Urgemeinde in Jerusalem: »Die Gemeinde der Gläubigen war ein Herz und eine Seele« (Apostelgeschichte 4,32). Mag das auch idealisierend gemeint sein, offensichtlich hatte die frühe Kirche eine faszinierende Ausstrahlung auf die Menschen. Auch Paulus hat das ja in Korinth erfahren, wo die Menschen der verschiedensten Herkunft und unterschiedlicher sozialer Stände miteinander eine Einheit bildeten, auch wenn diese Einheit immer wieder gefährdet war. So schreibt er voller Begeisterung: »Es gibt nicht mehr Juden und Griechen, nicht Sklaven und Freie, nicht Mann und Frau; denn ihr alle seid ›einer‹ in Christus Jesus« (Galaterbrief 3,28).

Die Kirche kennt viele Rituale, gemeinsame Rituale und Rituale für den Einzelnen. Eine Aufgabe der Rituale ist es, Heimat zu schaffen. Das gilt einmal für die persönlichen Rituale. Meine Mutter, die mit 91 Jahren gestorben ist, hatte die letzten 25 Jahre ihres Lebens nur drei Prozent Sehkraft. Doch sie hat nie gejammert. Sie hat immer ihr Leben gelebt, in innerer Zufriedenheit und Dankbarkeit. Sie hat ihren Tag und ihre Woche mit den immer gleichen Ritualen geprägt: Sie ist morgens um sieben Uhr aufgestanden, ist um acht Uhr in die heilige Messe gegangen, hat sich dann Frühstück gemacht, sich auf das Sofa gelegt und zwei Rosenkränze für ihre Kinder und Enkelkinder gebetet, dann hat sie sich Kassetten vom Blindenbund angehört, sich schließlich das Mittagessen gekocht und anschließend zum Mittagsschlaf hingelegt. Auch der Nachmittag und Abend waren von festen Ritualen geprägt. Das hat ihr das Gefühl von Heimat gegeben. Sie war in ihrem Leben daheim. Sie hatte das Gefühl, selbst zu leben, in diesem festen Rhythmus des Lebens daheim zu sein. Und sie hat

Eine geistliche Heimat haben

in diesen Ritualen auch die Verbundenheit mit ihren Eltern und Geschwistern erlebt, die schon vor ihr gestorben sind. Die Rituale geben uns Anteil an der Glaubens- und Lebenskraft unserer Vorfahren. Sie bringen uns in Berührung mit den Wurzeln, die unser Leben nähren. Viele, die keine Heimat mehr haben, sind heute zugleich wurzellos geworden. Eine der vielen Ursachen von Depression ist auch die Wurzellosigkeit. Wenn ich keine Wurzeln habe, wird mein Lebensbaum leicht vertrocknen. Sobald mich Probleme von außen betreffen, reagiere ich hilflos und depressiv. Ich habe nichts dagegenzusetzen. Die Rituale bringen mich in Berührung mit der Glaubenskraft, mit der meine Vorfahren ihr Leben bewältigt haben. Auch ihr Leben war nicht immer einfach. Sie sind durch Kriege, Krankheiten, Nöte und Armut hindurchgegangen und haben ihr Leben trotzdem aus dem Glauben heraus gemeistert.

Die Erfahrung von Heimat schaffen auch die kirchlichen Rituale. Viele, die von der Heimat schwärmen, erzählen immer wieder von den gleichen Ritualen, von der Art und Weise, wie man in der Heimat Advent und Weihnachten gefeiert hat, wie man die Fastenzeit gelebt hat, von den Kreuzwegandachten, von der Osterfeier, von den Maiandachten und von der Fronleichnamsprozession, vom Blasiussegen und vom Segen der Kräuterbüschel an Mariä Himmelfahrt. Es ist nicht einfach nur das alte Brauchtum, das da gepriesen wird. Die Menschen haben den Eindruck, dass ihnen diese Rituale Halt gegeben und Heimat vermittelt haben. Das gilt auch für die Kirche von heute. In den Ritualen, die sie seit Jahrhunderten feiert, gibt sie den Menschen das Gefühl von Heimat. Sie schenkt ihnen Anteil an den Glaubenswurzeln ihrer Vorfahren. Das Bedürfnis vieler Gläubiger, an den alten Ritualen wie Blasiussegen oder Haussegen, wie Maiandacht oder Fronleichnamsprozession teilzunehmen, darf nicht einfach als konservativ abgetan werden. Natürlich können wir auch nicht nur die alten Rituale wiederholen. Dann würde die Kirche zu einem Relikt werden, das in unserer modernen Welt übrig geblieben ist, aber keine Gestaltungskraft mehr hat. Die Weisheit der Kirche besteht vielmehr darin, mitten in der modernen Welt die alten Rituale so zu feiern, dass sie die Menschen mit ihren Wurzeln in Berührung bringen, dass die Menschen darin aber auch ihre heutigen Bedürfnisse und Sehnsüchte und Anliegen zum Ausdruck bringen können.

Ich habe die Erfahrung gemacht, dass die Menschen heute durchaus offen sind für die alten Rituale, wenn sie ihnen gut erklärt werden. Viele jammern, dass immer weniger Menschen in den Sonntagsgottesdienst kommen. Diejenigen, die wegbleiben, sagen, dass ihnen der Gottesdienst nichts bringe und dass er für sie eine fremde Welt sei. Wir müssen den Widerstand gegen den Gottesdienst durchaus ernst nehmen und uns fragen, wie wir denn die alten Rituale heute feiern sollen, ob unsere Sprache nicht an den Menschen vorbeigeht. Auf der anderen Seite wäre es gerade die Herausforderung, die Rituale so zu erklären, dass sie die tiefste Sehnsucht der Menschen ansprechen. Nur ein Beispiel: Wir beten in jedem Gottesdienst das Vaterunser. Auch da sagen viele, dass diese vorgeformten Worte für sie nur leere Worte sind, die sie nicht nachvollziehen können. Doch wenn ich mir bewusst mache, dass diese alten Worte auch meine verstorbenen Eltern, Großeltern und Urgroßeltern gebetet haben, bekommen sie für mich auf einmal eine andere Bedeutung. Dann spüre ich: Es sind die gleichen Worte, die ich heute spreche, mit denen meine Vorfahren ihr Leben gemeistert haben, mit denen sie ihre Sorgen und Ängste vor Gott getragen haben, mit denen sie sich

Eine geistliche Heimat haben

immer wieder in Gottes Willen hinein ergaben. Und ich kann mir vorstellen: In dem Augenblick, in dem ich diese Worte als Glaubender bete, beten meine Vorfahren sie als Schauende. So habe ich jetzt im Beten teil an ihrer Glaubenskraft und schon an ihrer Vollendung. Etwas in mir schaut schon über die Schwelle. Etwas in mir ist schon angekommen bei Gott, meiner letzten Heimat.

Wenn ich in unserer Abteikirche im Chorgestühl nach der Komplet noch einige Augenblicke still stehend den Raum auf mich wirken lasse, fühle ich mich auch daheim. Nicht die Ästhetik des Raumes allein, die mit ihrem großen Bogen schon Geborgenheit ausdrückt, lässt mich Heimat spüren. Ich erinnere mich vielmehr an all die Mönche, die hier vor mir gebetet haben, diejenigen, die in früheren Jahrhunderten hier ihr Mönchsein gelebt haben, aber auch all diejenigen, die ich noch gekannt habe und nun schon gestorben sind. Dann stelle ich mir vor, wie sie diesen Raum mitgeprägt haben. Ich erinnere mich an Gottesdienste, die unter die Haut gingen, in denen ich tief berührt war. Heimat ist nie nur ein äußerer Ort, sondern der Ort, der getränkt ist von Erinnerungen an Menschen, denen ich etwas verdanke, aus deren Wurzeln ich heute noch zu leben vermag.

Eine andere Erfahrung, die ich auf meinen Reisen immer wieder machen durfte: Wenn ich in Brasilien oder in Kenia oder Tansania mit den dortigen Christen Eucharistie feiere oder wenn ich mit den dortigen Mönchen das Chorgebet bete, fühle ich mich sofort daheim. Diese Erfahrung bestätigen mir meine Mitbrüder, die in der Mission arbeiten. Gerade heute, im Zeitalter der Globalisierung, hat hier die Kirche eine wichtige Aufgabe: Sie kann den Menschen – ganz gleich in welche Länder sie beruflich hinkommen – in ihren Gottesdiensten und in ihren Gemeinden Heimat gewähren. Früher war das Latein als liturgische Sprache in der katholischen Kirche auf der ganzen Welt eine noch einheitlichere Klammer. Aber auch wenn die Liturgie in der Muttersprache gefeiert wird, die ich vielleicht gar nicht verstehe, fühle ich mich doch daheim. Es sind die gleichen Rituale. Es ist der gleiche Gottesdienst. Es geht um Jesus Christus, der in unserer Mitte ist. Und dort wo er im Zentrum steht, entsteht für die Menschen, die sich um ihn sammeln, Heimat.

Die Kirchen ändern sich, wenn sie im Zeitalter der Mobilität gerade für die Migranten zur Heimat werden. In vielen Gemeinden engagieren sich Christen, die aus anderen Ländern stammen. Aber es gibt auch die Tendenz, in Deutschland eigene kroatische, italienische, portugiesische, spanische oder russische Gemeinden zu gründen, die ihre eigenen Gottesdienste feiern. In diesen Gemeinden fühlen sich vor allem die wohl, die noch nicht voll in ihre Umgebung integriert sind. Sie erfahren in den Gottesdiensten in ihrer Sprache Heimat. Beides hat seine Berechtigung: die Erfahrung von heimatlicher Kirche mitten in der Fremde und die Erfahrung des Daheimseins in der heimischen Kirche, auch wenn sie ein anderes Gesicht hat als die Gemeinde in der früheren Heimat. Auf jeden Fall haben die Kirchen eine wichtige Aufgabe, nicht nur den Migranten zu helfen, in der Fremde Heimat zu erfahren, sondern all denen Heimat zu vermitteln, die sich in dieser Gesellschaft nicht zu Hause fühlen. Es sind die Menschen, die psychische Probleme haben, die Menschen, die aus irgendeinem Grund nicht geheiratet haben, die, deren Ehe zerbrochen ist, die alleinerziehenden Mütter, die Menschen, die heute am Rande der Armut leben, die sich in der Öffentlichkeit nicht zeigen möchten. Und die Kirche hat die Aufgabe, all denen Heimat zu vermitteln, die in sich ihre Heimat verloren haben, die sich selbst verloren haben.

Eine geistliche Heimat haben

Statt nur zu jammern, dass die Pfarrer immer hektischer werden und die Gemeinden immer enger, sollte sich jede Pfarrgemeinde fragen, was sie dazu beiträgt, dass sich Menschen in ihr zu Hause fühlen. Dabei muss sie sich allerdings hüten, die Heimat allzu eng zu fassen. Es gibt Gemeinden, die in sich so geschlossen sind, dass Zugezogene keine Chance haben, dort Fuß zu fassen und sich darin zu beheimaten. Heimat ist nicht Ausdruck von Enge, sondern von Weite, von Offenheit für all die Menschen, die nach einer Heimat suchen.

Setze dich einmal allein in eine vertraute Kirche und überlege, ob du dich dort daheim fühlst. Wenn du dich nicht zu Hause fühlst, was sind die Gründe? Was stört dich an der Kirche, an den Priestern und Bischöfen, an den Seelsorgern und Seelsorgerinnen? Lass ruhig alle negativen Gedanken in dir hochsteigen. Aber dann frage dich auch, welches Bedürfnis hinter all den Erwartungen an die Kirche steckt: Habe ich nicht doch das Bedürfnis nach einer heiligen und vollkommenen Kirche, nach fehlerlosen Priestern, Pastoren, Pastorinnen und Bischöfen? Wenn ich all diese negativen Gedanken zulasse und sie zugleich auf ihre tiefere Sehnsucht hin befrage, kann ich mir auch vorstellen: Ich bin in dieser Kirche. Ich fühle mich hier getragen von den Menschen, die hier seit meiner Kindheit, ja schon lange vor meiner Kindheit gebetet und das Gemeindeleben durchgetragen haben, von denen ich jetzt glaube, dass sie im Himmel sind. Was verdanke ich all diesen Menschen? Welche positiven Kindheitserlebnisse verbinde ich mit der Kirche und ihrer Gemeinde? Und was könnte sie mir heute schenken, wenn ich mich verabschiede von meinen Perfektionsansprüchen? Wenn mir der

Eine geistliche Heimat haben

Pfarrer oder die Pfarrerin momentan keine Heimat vermittelt, gibt es nicht andere Menschen in dieser Kirchengemeinde, die mir am Herzen liegen und die mich stützen und stärken? Oder gibt es Heilige in dieser Kirche, die mich faszinieren und für mich Vorbild sein könnten, weil sie es zu ihrer Zeit in der Kirche ausgehalten haben, obwohl sie nicht verstanden wurden, und gerade darum dieser Kirche ein menschliches Antlitz verliehen haben? Kann mir dieser Kirchenraum mit seiner langen Geschichte etwas von Heimat vermitteln, von einer Heimat, die unabhängig ist von den Menschen, die hier gepredigt und die Gemeinde geprägt haben? Wovon würde ich mich abschneiden, wenn ich diese Kirche verlassen würde?

Und dann stelle dir nochmals vor, wie du als Kind die Kirche, ihre Gottesdienste und Feste erlebt hast. Wenn du als Kind mit deinen Eltern oder Großeltern in die leere Kirche gegangen bist, was hat dich da berührt? War es der Raum, die Heiligenbilder, die Atmosphäre? Welche Gefühle haben die ersten Gottesdienste in dir wachgerufen? Kannst du dich an den Weihnachtsgottesdienst, die Karwoche, die Osternacht, Maiandachten, Fronleichnamsprozessionen erinnern? Was haben sie in deiner Seele angesprochen? Stelle dir dann vor, dass all das, was dich damals berührt hat, dich mit deinem wahren Wesen und mit deiner tiefsten Sehnsucht in Berührung gebracht hat. Und dann frage dich, ob du jetzt, in diesem Augenblick, mit dir in Berührung bist, mit deiner spirituellen Sehnsucht.

Heimat in Gott

Heimat in Gott

Als Christen bekennen wir, dass unsere wahre Heimat bei Gott ist. Wir singen in einem Kirchenlied:

> *Wir sind nur Gast auf Erden*
> *und wandern ohne Ruh*
> *mit mancherlei Beschwerden*
> *der ewigen Heimat zu.*

Die Heimat, die wir hier erleben, ist immer nur zeitlich begrenzt. Wir können aus der Heimat vertrieben werden. Die Heimat wird sich ändern. Und auf einmal fühlen wir uns nicht mehr daheim. Das, was uns Heimat verheißt, wird letztlich erst von Gott ganz eingelöst. In Gott erwarten wir, dass wir für immer daheim sind. Spätestens im Tod müssen wir diese Welt verlassen. So heißt es in einem alten Kirchenlied:

> *O Welt, ich muss dich lassen,*
> *ich fahr dahin mein' Straßen*
> *ins ewig Vaterland.*

Nicht nur die Kirchenlieder, sondern auch viele Dichter wissen darum, dass unsere letzte Heimat in Gott sein wird. So dichtet der romantische Dichter Ernst Moritz Arndt:

Heimat in Gott

> *Fremdling bin ich nur im Staube,*
> *meine Heimat such ich wieder,*
> *meine grüne Himmelslaube.*

Doch Gott ist nicht nur die Heimat, die uns im Tod erwartet. Vielmehr ist Gott hier und jetzt schon unsere Heimat. Das hat der Apostel Paulus auf seinen vielen Wanderungen und bei allen Gefahren auf seinem Weg immer wieder erfahren. Man hat den Christen oft vorgeworfen, dass sie vor den Problemen dieser Welt ausweichen auf die jenseitige Welt. Sie brauchen hier keine Heimat zu haben, denn sie suchen ja die ewige Heimat im Himmel. Doch so dürfen wir weder die Aussagen des Hebräerbriefes noch die des Apostels Paulus verstehen. Glauben heißt für den Hebräerbrief, auszuwandern aus der irdischen Heimat, schon hier und jetzt eine himmlische Heimat zu haben, in der wir im Glauben jetzt schon wohnen. Doch diese himmlische Heimat wird uns im Tod dann für immer erwarten und Heimat sein. Auch für Paulus war das Wort von der Heimat im Himmel keine Einladung, aus dieser Welt auszuwandern und sich nur der Meditation und dem Gebet zu widmen. Vielmehr hat sich Paulus unermüdlich für die Menschen eingesetzt und hat ihnen die Frohe Botschaft verkündet, damit sie die Welt aus dem Geist Jesu heraus menschlicher gestalten. Das Wort von unserer Heimat im Himmel will darauf hinweisen, dass alle irdische Heimat immer nur relativ ist. Wir können uns hier nicht für immer festsetzen. Spätestens der Tod wird uns unsere irdische Heimat entreißen.

Die Frage ist, ob uns das Angst macht oder ob wir im Bewusstsein unseres Todes unsere Heimat hier genießen können. Unsere

Heimat in Gott

Sehnsucht nach Heimat wird meistens von der realen Heimat nie ganz eingelöst. Denn unsere Heimat kann auch eng und kleinkariert sein. Viele leiden an der Enge ihrer Dörfer, in denen sie ihre Kindheit verbracht haben. Sie mussten sich aufmachen, um in die Weite zu kommen. Und sie kommen oft auch gar nicht gerne in ihre Heimat zurück, weil sie an all die negativen Erfahrungen erinnert werden. Doch sowohl die Enttäuschung über die Heimat als auch die guten Erinnerungen an sie wollen unseren Blick über die irdische Heimat hinausführen. Die Christen verstanden sich als Fremde und Gäste auf der Erde. Ihre Heimat war in Gott. Der Glaube gab ihnen schon hier die Heimat in ihm. Das hat sie befreit von dem Heimweh nach ihrem Heimatort auf Erden. Das Wissen, dass sie hier schon eine andere Heimat haben, hat ihnen die Möglichkeit geschenkt, überall daheim zu sein, wohin sie auf ihren Missionsreisen auch gekommen sind.

Das paulinische Wort, dass unsere Heimat im Himmel ist, zielt nicht nur auf das Jenseits. Es erinnert uns daran, dass wir unsere Heimat nicht im Irdischen suchen sollen, sondern in Gott. Auf Erden lebend sollen unsere Herzen im Himmel verankert sein. Wir haben eine Heimat, die uns niemand nehmen kann. Selbst wenn wir aus unserer irdischen Heimat vertrieben werden, kann unsere innere Heimat nicht verloren gehen. Der Himmel ist nicht nur das Jenseitige. Der Himmel, so sagt der Dichter Angelus Silesius in seinem berühmten Vers, ist in dir:

> *Halt an, wo laufst du hin?*
> *Der Himmel ist in dir.*
> *Suchst du Gott anderswo,*
> *du fehlst ihn für und für.*

Heimat in Gott

Wir sollen Gott nicht im Außen suchen. Er ist schon in uns. Dort in uns ist der Himmel, in dem Gott wohnt und in dem wir selbst hier schon auf Erden Heimat finden. Wenn wir in uns den Himmel, die wahre Heimat haben, dann sind wir überall daheim. Was Angelus Silesius in seinem berühmten Vers zum Ausdruck bringt, wird verdeutlicht durch die Sprache.

Das Wort »Himmel« kommt von »Hemd« und meint ursprünglich das uns Bedeckende, Umhüllende. Der Himmel als Gott, der uns mit seiner Gegenwart einhüllt, ist in uns. Und dort sind wir daheim, geschützt und geborgen. Das bringt die deutsche Sprache auch zum Ausdruck, indem sie Heimat mit Heim und Geheimnis zusammenbringt. Ein Heim ist ein Haus, in dem ich mich daheim fühle, in dem ich mich loslassen und ausruhen kann. Die Frage ist aber, was das Gefühl von Heimat ausmacht. Die deutsche Sprache sagt, dass wir letztlich nur dort daheim sein können, wo das Geheimnis wohnt. Es braucht die Erfahrung des Geheimnisses, um mich daheim zu fühlen. Nur die Erfahrung der Familie und der Zugehörigkeit schaffen noch keine Heimat. Es braucht etwas, das die Familie übersteigt. Es braucht das Geheimnis, das sie einhüllt. Das eigentliche Geheimnis ist Gott. Nur dort, wo in einem Haus auch das Geheimnis Gottes wohnt, vermag der Mensch daheim zu sein.

Das gilt nicht nur für die äußeren Häuser, die wir bewohnen. Wenn wir uns zurückerinnern an die eigene Kindheit, dann boten uns nicht die schönen Möbel in unserem Haus Heimat, sondern zum einen die Liebe der Eltern und die Geborgenheit in der Familie, und zum anderen die Atmosphäre des Geheimnisses. Wenn die Familie gebetet hat, wenn sie Weihnachten oder Ostern gefeiert hat, dann wurde deutlich, dass sie offen war für etwas, das größer ist als sie selbst. Und dieses Hineinragen des Geheimnisses hat uns die Heimat zur Heimat gemacht. Eine Gemeinschaft wird uns nur dann zur Heimat, wenn sie von Liebe geprägt ist und wenn in ihr etwas aufscheint, was größer ist als sie, was sie im Innersten zusammenhält.

Ich erlebe immer wieder Menschen, die sich nach Heimat sehnen und glauben, sie könnten Heimat schaffen, indem sie als Familie zusammensitzen und feiern. Eine Studentin erzählte mir, dass für ihre Mutter wichtig war, dass alle Kinder an Weihnachten nach Hause kamen. Doch die Studentin durfte nicht in die Kirche, obwohl ihr das wichtig war. Die Familie musste immer zusammen sein. Doch das führte nicht zum Gefühl von Heimat, sondern im Gegenteil zu Aggressionen. Wenn man immer zusammenhockt, aber nichts Größeres einen umgibt, dann wachsen die Aggressionen. Eine negative Stimmung steigt hoch und zerstört den Traum von Heimat. Nur dort, wo eine Familie offen ist für das, was größer ist als sie, für das Geheimnis, das sie umgibt und auf das hin sie unterwegs ist, können die Familienmitglieder etwas wie Heimat erfahren.

Das Wort von Heimat und Geheimnis gilt aber auch für mich selbst. Wenn Gott, das Geheimnis, in mir wohnt, dann kann ich auch bei mir selbst daheim sein. In mir ist ein Raum des Schweigens, zu dem die Gedanken und Gefühle von außen keinen Zugang haben. Dort haben die Menschen mit ihren Erwartungen und Ansprüchen keinen Zutritt. Und dort haben auch meine eigenen Sorgen und Ängste keinen Zugang. Niemand kann mich dort verletzen. Es ist der Raum, in dem Gott selbst in mir wohnt. Dort bin ich vollkommen ich selbst, heil und ganz, wahrhaft daheim. Und wenn ich bei mir daheim sein kann, vermag ich auch in der Fremde daheim zu sein. Ich brauche nur nach innen zu schauen. In mir ist der Himmel. Und dort in

Heimat in Gott

dem inneren Himmel ist unsere wahre Heimat, die uns niemand zu rauben oder zu zerstören vermag.

> Setze dich bequem hin und spüre nochmals den Erfahrungen von Heimat nach. Wenn du dich an zu Hause erinnerst, was hat dir wirklich das Gefühl von Heimat gegeben? War es nur das Vertraute, oder war da auch etwas Geheimnisvolles, das größer war als du und dir das Gefühl vermittelt hat, geborgen zu sein in etwas Größerem, umgeben und umhüllt zu sein von etwas Numinosem, vielleicht von Gott selbst und seiner Liebe? Stelle dir vor, dass du all das, was du außen als Heimat erfahren hast, auch in dir selbst vorfindest. In dir ist das Gefühl von Stimmigkeit, von Geborgenheit, von Daheimsein. In dir ist das Geheimnis, das dich übersteigt. So versuche, die nostalgische Sehnsucht nach der Heimat von früher in dein Herz zu lenken und dir vorzustellen, dass Gott in dir wohnt und dass du bei dem Gott, der in dir ist, jetzt daheim sein kannst.
>
> Wenn du still dasitzt und in dich hineinhorchst, gehe immer tiefer auf den Grund deiner Seele. Zunächst wirst du auf deine Sorgen und Ängste stoßen, dann auf Ärger und Enttäuschung oder auf andere Gefühle. Gehe durch all diese Gefühle hindurch, gehe auch durch die Verletzungen, die vielleicht auftauchen, hindurch. Gehe durch den Schmerz der Trauer hindurch, dass dein Leben so gelaufen ist, wie es lief; dass du jetzt so bist, wie du bist und nicht der ideale und perfekte Mensch, von dem du einmal geträumt hast. Gehe immer tiefer in deinen eigenen Grund, in das, was der Mystiker Johannes Tauler »Seelengrund« genannt hat.

Heimat in Gott

Stelle dir vor, dass dort im Grund deiner Seele Gott wohnt. Und dort, wo Gott in dir wohnt, ist Friede, Freiheit, Liebe, Geborgenheit, Weite. Da ist das, was du mit Heimat verbindest. Genieße es, mitten im Unbehaustsein dieser Welt in Gott daheim zu sein. Diese Heimat kann dir niemand rauben, weder eine Enttäuschung noch eine Krankheit noch der Verlust lieber Menschen. Diese Heimat wird dir auch der Tod nicht rauben. Die Herberge, in der wir uns hier geborgen fühlen, wird im Tod verwandelt in eine ewige Wohnung. So besingt es ein liturgisches Gebet für die Verstorbenen: »Wenn die Herberge der irdischen Pilgerschaft zerfällt, ist uns im Himmel eine ewige Wohnung bereitet«.

Der Mensch zwischen Heimat und Heimatlosigkeit

Der Mensch zwischen Heimat und Heimatlosigkeit

Der Mensch ist immer beides: Er ist heimatlos und auf der Suche nach Heimat. Als Mensch mit einer unsterblichen Seele ist er hier auf Erden nicht ganz zu Hause. Und doch sehnt er sich danach, auch hier im Irdischen daheim zu sein. Diese Spannung hat das Mönchtum seit jeher geprägt. Die Mönche sind auf der einen Seite ausgezogen aus ihrer Heimat. Sie haben bewusst Heimatlosigkeit in Kauf genommen, weil sie eine andere Heimat suchten, die Heimat in Gott. Auf der anderen Seite haben sie – vor allem in der benediktinischen Tradition – Klöster gebaut und sich dort auch eine irdische Heimat geschaffen. Allerdings haben sie immer gewusst, dass dieser Ort für sie nicht letzte Heimat ist. Vielmehr wurde für sie der heimatliche Ort des Klosters zugleich der Ort, aus dem sie innerlich immer wieder ausgewandert sind, um zu Gott zu gelangen.

Was das Mönchtum vorgelebt hat, gilt letztlich für jeden Menschen. Auf der einen Seite braucht der Mensch ein Stück »Erde« und Geborgenheit. Ohne Heimat kann der Mensch nicht leben und reif werden. »Unstillbar geht daher das Verlangen dahin, einen Raum zu haben, in dem man Austausch, Verstehen, Aufgehobensein findet, einen Ort der Vertrautheit, wo man sich angenommen weiß und sich anvertrauen kann, wo man nicht fremd ist, sondern erwartet wird, Freud und Leid miteinander teilt, so sein darf, wie man ist, und so weiterwachsen kann, wie man werden soll, weil man Wurzel geschlagen hat in einem guten, mütterlichen Boden« (Corona Bamberg, Mönchtum in einer heimatlosen Welt, Würzburg 1984, 19).

Der Mensch zwischen Heimat und Heimatlosigkeit

Mitten in der Fremde dieser Welt suchen wir nach Heimat, einem Ort, »wo die Welt uns nicht fremd ist« (Max Frisch). Die Benediktinerin Corona Bamberg zitiert den unruhigen Kurt Tucholsky, für den der alte Heimatbegriff zu eng war, der sich aber doch auch nach einem Zuhause sehnte: »Immer suchen ist nicht schön. Man möchte auch mal nach Hause« (Bamberg 20).

So sind wir in diese Spannung hineingestellt. Auf der einen Seite suchen wir nach Heimat. Auf der anderen Seite fühlen wir uns dort, wo wir sind, nicht ganz zu Hause. Unsere Seele weiß um ihre Heimat in Gott. Diese Heimat in Gott macht uns letztlich auf Erden heimatlos. Der englische Schriftsteller Gilbert Keith Chesterton hat das in das Wort gekleidet: »Auch zu Hause habe ich Heimweh« (Bamberg 222). Es gibt hier keinen Ort, auch nicht den Heimatort, der all unsere Sehnsucht nach Heimat erfüllen könnte. Immer haben wir Heimweh nach mehr, nach etwas, was absolutes Vertrautsein, absolute Geborgenheit und Liebe erfahren lässt.

Der Mensch ist angesiedelt zwischen Heimat und Heimatlosigkeit. Peter Sloterdijk hat das Wesen des Menschen als Weltfremdheit beschrieben und zwar im Blick auf das frühe Mönchtum und im Blick auf die griechische Philosophie. Er zitiert den Dialog des weisen Sokrates, bevor er den Giftbecher trinken musste, zu dem ihn das Gericht verurteilt hatte. Da sagt Sokrates: »Zu den Göttern ein Gebet sprechen, das ist ja erlaubt. Und recht, damit die Umsiedlung von hier nach dort glücklich geschehe«. Der griechische Ausdruck *metoikesis* meint nicht nur die Umsiedlung, die der Mensch im Tod vornimmt, wo er aus dieser Welt in die jenseitige Welt umsiedelt. Umsiedlung sieht Sloterdijk auch als das Wesen des Mönchtums an. Die monastische Askese versteht Sloterdijk als kühne Übersetzung

Der Mensch zwischen Heimat und Heimatlosigkeit

und Umsiedlung: Sie »fordert von seinen Akteuren, dass sie sich selbst aus den düsteren welthaften Lebensformen, in denen sie bisher verweilten, hinüberbringen in das ganz andere, das lichthafte Element, das ›Gott‹ genannt wird und das zu menschlichen Ohren, wenn überhaupt je, nur aus brennenden Büschen spricht«. Die Mönche zogen sich aus der Welt zurück in die Wüste, um dort zu erfahren, »was Im-Feuer-Sein, was Im-Geist-Sein, was Schon-dort-Sein bedeuten« (Sloterdijk 88f). Die Mönche »wollen der Drift des sorgenschaffenden und weltlichmachenden Zur-Welt-Kommens Einhalt gebieten und sich zu Lebzeiten schon umsiedeln in die ganz andere Stadt, die von Augustinus bis Bloch einen unwiderstehlichen Namen trägt: Heimat« (Sloterdijk 90).

Die Mönche leben allerdings vor, was für jeden Menschen in gewisser Weise zutrifft. Umsiedlung betrifft für Platon nicht nur den Tod, in dem wir in die jenseitige Welt umsiedeln. Umsiedlung gehört wesentlich zur Seele, die in diese Welt eintritt, durch sie hindurchgeht und aus ihr heraustritt. Der Mensch siedelt sich mitten in seinem Leben in seiner Seele immer schon um in eine andere Welt. Er ist in dieser Welt nie ganz zu Hause. So gibt es in allen Kulturen Menschen, die sich der kosmischen Normalität entgegenstellen und ihre Heimat in einem anderen Ort suchen, in einem jenseitigen Ort mitten in der Welt. Der Mensch lebt in der Welt und zugleich zieht er sich immer wieder aus der Welt zurück in den inneren Raum seiner Seele. Berühmt ist der Dialog des Augustinus von Hippo mit der Vernunft. Er gibt auf die Frage, wonach er strebe, die Antwort: »Gott und die Seele [*deum et animam*] erkennen: das ist mein Wunsch«. Für Sloterdijk geht das Interesse des Augustinus darauf, die Welt wegzulassen, damit Gott und Seele eins werden können. Der moderne Philosoph spricht von

Der Mensch zwischen Heimat und Heimatlosigkeit

Augustinus und den Mönchen als »Entweltlichungsmeistern«, die »von der hartnäckigen Äußerlichkeit zur Innerlichkeit« (Sloterdijk 94) vorstoßen.

Augustinus hat aber in seiner berühmten *Deum-et-animam*-Formel etwas Wesentliches über jeden Menschen ausgesagt: Ein Stück Weltfremdheit und Weltflucht gehört zum Wesen jedes Menschen. Aber es ist nur der eine Pol. Der andere Pol ist, dass der Mensch in diese Welt hineingestellt ist und den Auftrag hat, diese Welt zu gestalten und sie sich zur Heimat zu formen, in der er gerne lebt und in der auch seine Nachkommen noch gerne leben sollen. Daher braucht es die Verantwortung für die Welt als Heimat, damit sie noch vielen Generationen Heimat sein kann. Das verlangt den achtsamen Umgang mit der Schöpfung, die Schonung der Ressourcen und den Schutz der Umwelt.

In den biblischen Psalmen wird die Spannung von Heimat und Heimatlosigkeit in das Bild vom »Haus meiner Pilgerschaft« gebracht: »Zum Lobgesang wurden mir deine Gesetze im Haus meiner Pilgerschaft« (Psalm 119,54). Es ist ein paradoxer Ausdruck: Im Haus möchte ich zu Hause, daheim sein. Da wohne ich, da lasse ich mich nieder. Aber unser Haus ist ein Haus der Pilgerschaft. Wir wohnen zwar, sind aber als Menschen immer unterwegs auf ein anderes Ziel hin, auf eine andere Heimat hin.

Benedikt von Nursia hat darin das Wesen eines Klosters gesehen, einen Ort, an dem man wohnt, um in den Psalmen seine Sehnsucht nach der himmlischen Heimat auszudrücken. Darin sieht auch der Hebräerbrief das Wesen des Christen. Der Autor beschreibt den Auszug Abrahams und den Glauben der Patriarchen. Er fasst die Beschreibung zusammen: »Voll Glauben sind diese alle gestorben, ohne das Verheißene erlangt zu haben; nur von fern haben sie es geschaut und gegrüßt und haben bekannt, dass sie Fremde und Gäste auf Erden sind. Mit diesen Worten geben sie zu erkennen, dass sie eine Heimat suchen. Hätten sie dabei an die Heimat gedacht, aus der sie weggezogen waren, so wäre ihnen Zeit geblieben zurückzukehren; nun aber streben sie nach einer besseren Heimat, nämlich der himmlischen« (Hebräerbrief 11,13–16). Auch hier gilt das Paradox: Der Glaube kann Heimat bieten. Glauben heißt für den Hebräerbrief: »Feststehen in dem, was man erhofft« (Hebräerbrief 11,1). Glauben hat etwas mit Festigkeit und Beharrlichkeit zu tun. Aber zugleich heißt Glauben auswandern aus dieser Welt in die jenseitige Welt. Das gilt eben nicht erst für den Tod, sondern es ist ein dauerndes Auswandern aus dieser Welt, in der wir wohnen. Der Glaube mit seinen Traditionen gibt uns Halt und Heimat in dieser Welt. Gerade die Riten des Glaubens haben uns ja Heimat geschenkt. Und zugleich verweisen sie uns immer wieder auf eine andere Heimat. Gerade darin besteht das Geheimnis unseres Lebens, dass wir dort Heimat erfahren, wo wir das irdische Sich-Wohlfühlen übersteigen. Wir fühlen uns hier daheim, wenn schon in unsere irdische Heimat die himmlische hineinleuchtet.

Der Hebräerbrief verbindet hier die Auffassung der griechischen Philosophie, dass das Leben des Menschen nur »ein kurzer Aufenthalt in der Fremde« ist, mit dem christlichen Gedanken, dass wir hier auf Erden unterwegs sind zu unserem himmlischen Vaterland, das uns im Tod erwartet. Dieses himmlische Vaterland scheint schon hinein in unsere Welt. Das hat die frühe Kirche oft im Bild des himmlischen Jerusalems dargestellt, das in vielen Kirchen die Apsis schmückt. Wenn die frühe Kirche das Herrenmahl gefeiert hat, dann sahen die Gläubigen auf das Bild des himmlischen Jerusalems. Es war für sie ein Zeichen, dass sie jetzt schon teilhaben am ewigen Jubel der heiligen Stadt, des neuen Jerusalems. Im gemeinsamen Mahl tauchen sie jetzt schon ein in die ewige Heimat, die ihnen an der Apsis entgegenleuchtet. So war dieses Bild ein treffliches Symbol für ihr Leben zwischen Heimat und Heimatlosigkeit. Sie erfuhren in der gemeinsamen Feier Heimat in einer Gemeinschaft von Glaubenden. Aber sie erlebten sich auch als Pilger auf dem Weg in die himmlische Stadt. Doch die himmlische Stadt war ähnlich dargestellt wie die Stadt, in der sie lebten. Ihre irdische Stadt wurde also für sie zur Verheißung eines ewigen Wohnens, einer Heimat, die ihnen nicht mehr genommen werden konnte.

> *Die Spannung zwischen Heimat und Heimatlosigkeit kannst du dir am besten im Wandern erschließen. Wandere auf deinen Lieblingswegen. Frage dich, was dieser Weg für dich bedeutet, welche Gefühle er in dir wachruft. Ist der Weg ein Stück deiner Heimat? Aber es ist ein Weg, der dich immer weitergehen lässt. Du kannst zwar manchmal Rast machen und ausruhen. Aber dann musst du weiter. Im Gehen kannst du dir bewusst machen, dass du immer auf dem Weg bist, immer in Bewegung, immer in Wandlung. Im Gehen ziehst du aus allen Abhängigkeiten aus. Du ziehst auch aus deiner Heimat aus, so wie Abraham ausziehen musste, um seinen Weg zu finden. Und sage dir beim Wandern immer wieder das Wort des Novalis vor: »Wohin denn gehen wir? – Immer nach Hause!« Letztlich sind wir hier immer Menschen, die ausziehen aus einer Heimat, um auf eine andere Heimat zuzugehen. Das gilt von der Heimat, aus der wir kommen.*

Der Mensch zwischen Heimat und Heimatlosigkeit

Wir ziehen während unseres Lebens oft genug aus, um uns eine andere Heimat zu suchen. Und wir ziehen letztlich hier schon in eine innere Heimat aus. Wir siedeln uns – um mit Platon zu sprechen – hier schon um. Wir sind ständig am Umsiedeln, um mitten in der Unbehaustheit dieser Welt ein Haus zu finden, in dem wir wahrhaft zu Hause sind. Es ist das Haus unserer Seele, das uns im Tod nicht genommen, sondern nur gewandelt wird.

Schluss

Schluss

Die Gedanken, die mir zum Thema Heimat gekommen sind, und die Gedanken von Dichtern und Denkern, die ich hier angeführt habe, geben keine letzte Antwort auf die Frage, was Heimat heute für uns bedeutet. Mein Anliegen war es, den Leser und die Leserin anzuregen, bei sich selbst zu schauen, wie sie die Sehnsucht nach Heimat in dieser unübersichtlichen Zeit leben wollen, ohne in die alte Heimat-Nostalgie zu verfallen. Die Sehnsucht nach Heimat bewegt jeden Menschen. Die Frage ist, was jeder mit Heimat verbindet. Jeder von uns assoziiert mit Heimat etwas anderes – andere Gefühle, andere Bilder, andere Sehnsüchte. Das Ziel dieses Buches ist nicht, Antworten zu geben, sondern Fragen zu stellen. Wenn wir uns diesen Fragen stellen, kommen wir uns selbst näher. Und vielleicht kommen wir dem näher, was für jeden von uns Heimat bedeutet. Aber zugleich werden wir auch erfahren, was Ernst Bloch mit seiner berühmten Definition von Heimat ausdrückt. Heimat ist etwas, »das allen in die Kindheit scheint und worin noch niemand war«. Es würde mich freuen, wenn meine Gedanken dem Leser und der Leserin helfen, dass ein Lichtschimmer von Heimat in ihre Kindheit scheint und sie durch das Nachdenken und Nachspüren über die Heimat ihrer Kindheit in neue Räume ihrer eigenen Seele gelangen.

So möchte ich dich, liebe Leserin, lieber Leser, am Schluss dieses Buches nochmals einladen, dir folgende Fragen zu stellen und für dich persönlich eine Antwort zu formulieren: Welche Erfahrungen von Heimat habe ich in meinem Leben gemacht? Bin ich lange an einem Ort geblieben? Oder habe ich die Orte ständig gewechselt?

Schluss

Würde ich heute einen bestimmten Ort als meine Heimat bezeichnen, den Ort, an dem ich als Kind gelebt habe, oder den Ort, an dem ich heute wohne? Oder ist Heimat für mich unabhängig vom Ort? Erlebe ich Heimat im Kreis von Freunden, die mich tragen? Oder erlebe ich Heimat in der Kirche, in der Kirchen- oder Pfarrgemeinde, in der ich mich engagiere, in der Gruppe von Suchenden, die mich inspirieren? Oder erlebe ich Heimat vor allem bei mir selbst? Kann ich bei mir gut daheim sein? Fühlst du dich bei Gott daheim oder hast du deine Heimat in Gott selbst?

Und wenn du eine Antwort auf die Frage gefunden hast, wo deine Heimat liegt, dann kannst du auf dem Hintergrund all der Erfahrungen, die ich in diesem Buch angeführt habe, dich fragen, was dieses Gefühl von Heimat in dir auslöst: Was gibt mir Heimat? Warum fühle ich mich da oder dort daheim? Und was verbinde ich für mich mit dem Heimatgefühl? Was bewirkt es in mir? Erlebe ich da meine Wurzeln, die mich heute noch nähren? Oder ist es nur die Sehnsucht nach der heilen Welt, die ich in meine Kindheit hineinprojiziere? Oder ist es – wie Ernst Bloch meint – die Sehnsucht nach dem verlorenen Paradies, die Sehnsucht nach dem Nicht-Ort, der Utopie? Wir können bei allen Reflexionen über die Heimat keine endgültige Antwort auf diese Fragen geben. Denn jeder verbindet mit Heimat andere Gefühle und andere Erfahrungen, je nachdem, wie er Heimat bisher erlebt hat. Mein Wunsch an die Leser und Leserinnen ist, dass jeder für sich persönlich eine Antwort auf die Frage nach der Heimat findet. Und dass er mit Nietzsche sagen kann: »Wohl dem, der jetzt noch – Heimat hat!«

Schluss

Ich wünsche dir, dass du Orte auf dieser Welt hast, an denen du dich daheim fühlst, dass du Menschen und Gruppen hast, die dir Heimat vermitteln, und dass du dich bei dir selbst und bei Gott daheim fühlst.

Aber zugleich wünsche ich dir, dass du deine Suche nach Heimat verwirklichst in der Spannung zwischen Heimat und Heimatlosigkeit, die heute nicht nur eine soziologische Wirklichkeit ist, sondern die letztlich dem Wesen des Menschen entspricht. Der Mensch ist von seinem Wesen her unterwegs zwischen Heimat und Heimatlosigkeit. Er hat als Kind Heimat erfahren. Er ist oft genug ausgewandert aus der Enge seiner Heimat, um anderswo Heimat zu finden. Aber auf all seinen Wegen hat er festgestellt, dass es hier auf Erden keine letzte Heimat gibt, immer nur Heimat auf Zeit. Wir sind von unserem Wesen her »Fremdlinge und Beisassen ohne Bürgerrecht« (Hebräerbrief 11,13) in dieser Welt. Wir können uns hier nicht für immer festsetzen. Unsere Seele zeigt uns, dass wir nicht nur im Tod »umsiedeln« werden in den anderen Ort, den Gott uns zugedacht hat, sondern dass wir mitten im Leben immer schon Umsiedlung erfahren – *metoikesis* –, um uns hier dort zu verankern, wo die wahre Heimat liegt. Paulus hat diese philosophische Einsicht des Platon in seine christliche Sicht des Lebens umgedeutet: »Deswegen suchen wir unsere Ehre darin, ihm (Christus) zu gefallen, ob wir daheim oder in der Fremde sind« (2. Korintherbrief 5,9).

Ganz gleich, ob wir uns als in der Heimat verwurzelt oder aber als heimatlos erfahren, entscheidend ist, dass wir – wie das griechische Wort *euarestoi* es ausdrückt – im Einklang sind mit unserem innersten Wesen, mit unserem wahren Selbst. Die Beschäftigung mit dem Thema Heimat will uns zu unserem wahren Selbst führen,

Schluss

zu dem ursprünglichen und unverfälschten Bild, das in der Heimat zumindest manchmal für uns selbst und für unsere Umgebung aufgeleuchtet ist. Wir sind, solange wir leben, auf der Suche nach der inneren Heimat, nach dem, was in uns leuchtet und worin wir noch nie wirklich waren.

Literatur

Literatur

Corona Bamberg
Mönchtum in einer heimatlosen Welt
Würzburg 1984.

Horst Bienek
Schlesien – aber wo liegt es? Eine melancholische Erinnerung
in: Heimat. Neue Erkundungen eines alten Themas, hg. von Horst Bienek, München 1985, 57–61.

Alfred Delp
Heimat
in: Stimmen der Zeit 137, München 1940, 277–284.

Wolfgang Frühwald
Deutschland, bleiche Mutter. Die Auseinandersetzung in Wort und Begriff der Heimat Deutschland zwischen dem Nationalsozialismus und der Literatur des Exils
in: Heimat, hg. von Horst Bienek, München 1985, 27–41.

Heimat: Das allen in die Kindheit scheint und worin noch niemand war. Deutsch-israelisch-palästinensisches Lesebuch
hg. von Hans-Georg Meyer und Klaus Wiegerling, Frankfurt am Main 1997.

Literatur

Hermann Hesse
Wanderung
Aufzeichnungen mit farbigen Bildern vom Verfasser, Frankfurt am Main 1986.

Walter Jens
Nachdenken über Heimat.
Fremde und Zuhause im Spiegel deutscher Poesie
in: Heimat, hg. von Horst Bienek, München 1985, 14–26.

Otto Kimminich
Heimat
in: Lexikon für Theologie und Kirche, Band 4, Freiburg im Breisgau 1995, 1364f.

Hartmut Kreß
Heimat
in: Theologische Realenzyklopädie (TRE), Band 14, Berlin 1985, 778–781.

Christian Graf von Krockow
Heimat. Erfahrungen mit einem deutschen Thema
Stuttgart 1989.

John O'Donohue
Landschaft der Seele
München 2000.

Clemens Schmeing
Der Mensch zwischen unterwegs und zu Hause.
Schöpferische Polaritäten im Sinne Benedikts
in: Erbe und Auftrag, 56. Jg., Beuron 1980, 464–476.

Peter Sloterdijk
Weltfremdheit
Frankfurt am Main 1993.

Dolf Sternberger
Aus dem Wörterbuch des Unmenschen
Hamburg 1957.

EDITION
Anselm Grün

Die »Edition Anselm Grün« sammelt grundlegende Werke von Anselm Grün. Derzeit sind folgende Titel erhältlich:

Band 1 Erlösung –
Ihre Bedeutung in unserem Leben
ISBN 978-3-7365-9001-4

Band 2 Leben und Beruf –
Eine spirituelle Herausforderung
ISBN 978-3-7365-9002-1

Band 3 Damit die Welt verwandelt wird –
Die sieben Werke der Barmherzigkeit
ISBN 978-3-7365-9003-8

Band 4 Von Wahrheit und Wahrhaftigkeit –
Befreiende Tugenden für heute
ISBN 978-3-7365-9004-5

Band 5 Die Sakramente – Taufe, Eucharistie, Firmung, Trauung, Weihe, Beichte und Krankensalbung
ISBN 978-3-7365-9005-2

Band 6 Was will ich? –
Mut zur Entscheidung
ISBN 978-3-7365-9006-9

Band 7   Den Reichtum des Lebens entdecken –
          Biblische Bilder einer heilenden Seelsorge
          ISBN 978-3-7365-9007-6

Band 8   Das kleine Buch der Tugenden –
          Glaube, Hoffnung, Liebe
          ISBN 978-3-7365-9008-3

Band 9   Menschen führen – Leben wecken –
          Anregungen aus der Regel Benedikts von Nursia
          ISBN 978-3-7365-9009-0

Band 10   Ich bin müde –
          Neue Lust am Leben finden
          ISBN 978-3-7365-9010-6

Band 11   Wo ich zu Hause bin –
          Von der Sehnsucht nach Heimat
          ISBN 978-3-7365-9011-3

Die Reihe wird fortgesetzt.

Die Titel der »Edition Anselm Grün« sind auch
im Abonnement zu beziehen. Gerne informieren wir Sie
über diese Möglichkeit:

Vier-Türme GmbH, Verlag
Schweinfurter Straße 40, 97359 Münsterschwarzach
Telefon: 09324 / 20 292, E-Mail: info@vier-tuerme.de

www.vier-tuerme-verlag.de